1920 ⑦アントワープ大会

1924 ⑧パリ大会
❶シャモニー・モンブラン冬季《とうき》大会

1928 ⑨アムステルダム大会
❷サン・モリッツ冬季《とうき》大会
●日本冬季《とうき》オリンピック初参加《はつさんか》

1932 ⑩ロサンゼルス大会
❸レークプラシッド冬季《とうき》大会

1936 ⑪ベルリン大会
❹ガルミッシュ・パルテンキルヘン冬季《とうき》大会

1938 ●クーベルタンの慰霊祭《いれいさい》がオリンピア遺跡《いせき》でおこなわれる
●1940年第12回オリンピック・東京大会の返上《へんじょう》が決定

1939 ●第二次世界大戦《せかいたいせん》おこる

1940 ⑫ヘルシンキ大会中止

1944 ⑬ロンドン大会中止

1945 ●第二次世界大戦《せかいたいせん》が終戦《しゅうせん》をむかえる

タン 1937

嘉納治五郎《かのうじごろう》 1938

1931

1927 中村《なかむら》 裕《ゆたか》

オリンピック・パラリンピックにつくした人びと

金栗四三《かなくりしそう》

日本人初のオリンピック選手

文　佐野慎輔　絵　しちみ楼

もくじ

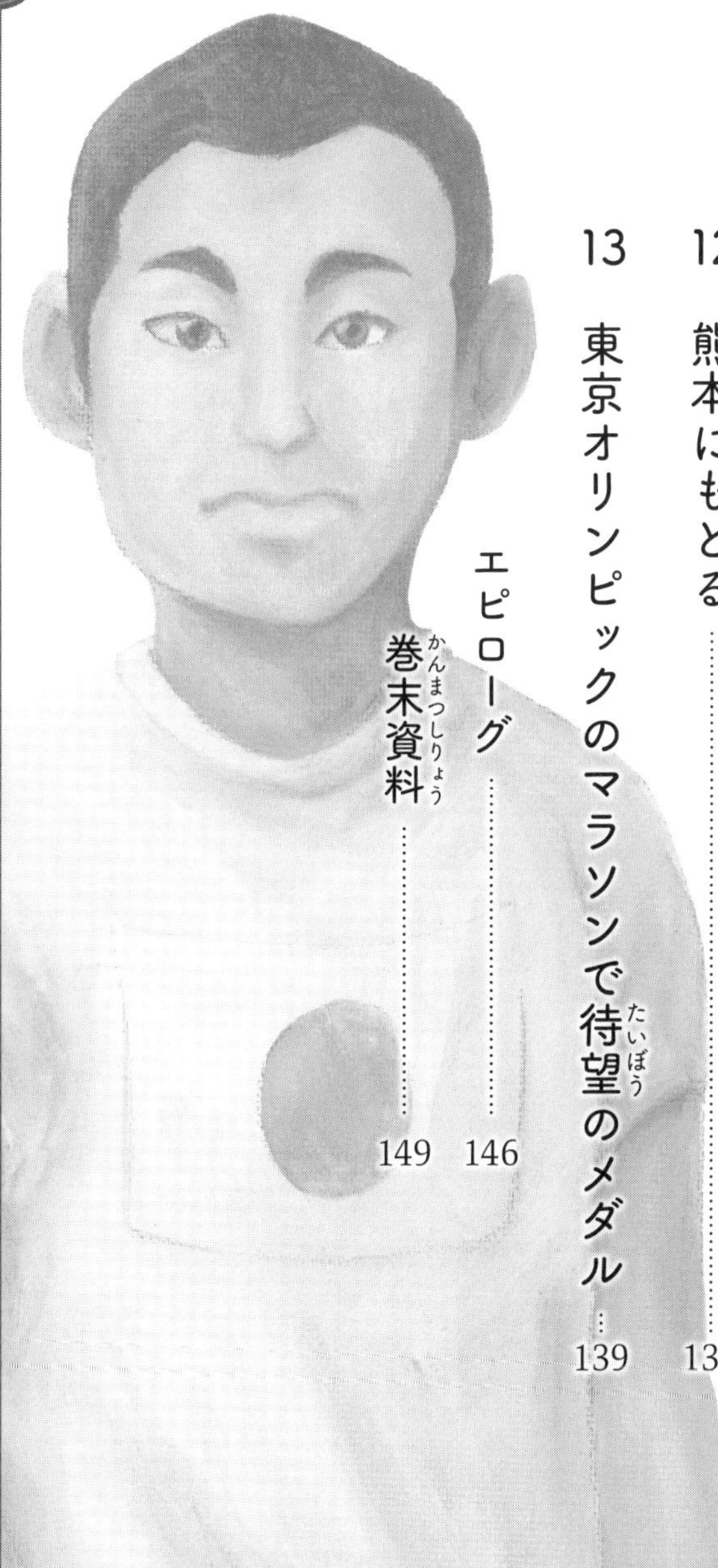

プロローグ

船は出航《しゅっこう》のときを待っていた。岸壁《がんぺき》は見送りの人だかりだ。

1924（大正《たいしょう》13）年4月27日。第8回オリンピック・パリ大会に出場する日本選手団《せんしゅだん》は前日、東京を出発し、ここ神戸港《こうべこう》で客船・香取丸《かとりまる》に乗りこんでパリに向かう。

やがて汽笛とともに船は港をはなれ、見送りの人たちがしだいに遠くなっていった。

陸上競技跳躍《りくじょうきょうぎちょうやく》の代表、織田幹雄《おだみきお》はマラソン代表の金栗四三《かなくりしそう》と同じ船室となった。4人1部屋で、ほかには短距離《たんきょり》の谷三三五《たにささご》と納戸徳重《のととくしげ》が同室だ。

「金栗《かなくり》先生、よろしくお願《ねが》いいたします」

緊張《きんちょう》した表情《ひょうじょう》で、織田幹雄《おだみきお》が頭を下げた。たったひとり、跳躍《ちょうやく》の代表として参加《さんか》する織田《おだ》は19歳《さい》。これがはじめてのオリンピック出場となる。

「おう、織田《おだ》くん。きみといっしょの旅になるんだね。ヨーロッパまでは遠いから、体調の管理《かんり》が大変《たいへん》だよ」

「先生、いろいろ教えてください」

金栗四三《かなくりしそう》は33歳《さい》。1912年ストックホルム大会、20年アントワープ大会につづいて3度目のオリンピック参加《さんか》だ。東京府女子師範《ふしはん》学校（いまの東京学芸《がくげい》大学）で体育を教える教師《きょうし》であり、何よりも日本の陸上競技発展《りくじょうきょうぎはってん》のため先頭に立って活躍《かつやく》していた。

少し不安《ふあん》そうな織田《おだ》から「先生」とよびかけられて、四三《しそう》ははじめてオリンピックに出場した12年前を思い出した。

「あのとき、私《わたし》も、嘉納《かのう》先生に不安《ふあん》な気持ちをうちあけていたなあ」

20歳《さい》で出場したストックホルム大会。当時在学《ざいがく》していた東京高等師範《しはん》学校（いまの筑波《つくば》大学）の校長でもある嘉納治五郎《かのうじごろう》が選手団長《せんしゅだんちょう》となり、日本がはじめて参加《さんか》したオリンピックだ。ヨーロッパまで行くのは今回と同じだが、嘉納《かのう》は大日本体育協会《きょうかい》会長としての仕事などもあって、少しおくれて日本を出発した。

　嘉納《かのう》が3週間ほどおくれてストックホルムに到着《とうちゃく》すると、四三《しそう》と、もうひとりの代表、三島弥《みしまや》

▲パリに向かう船の甲板《かんぱん》で走る四三《しそう》（手前）

彦《ひこ》は口々に見たもの、聞いたこと、経験《けいけん》したようすを話した。そのときのことを思い出し、織《お》田《だ》にこう話すのだった。

「ずっと心細い思いでいて、嘉納《かのう》先生のお顔を見たとたん、いろんな思いがふき出したんだね。先生にいろいろ話したなあ。織《お》田《だ》くん、12年前とちがって、今回はいっしょに参加《さんか》する仲間《なかま》たちも多い。みんなと仲《なか》よく話したり、遊んだり、体を動かしたりして旅をしていくと、体も気持ちもリラックスできるよ」

「ありがとうございます。なんとか、やっていけそうな気がします」

四三《しそう》はこの後輩《こうはい》に、自分が知っているオリンピックのようすや海外のことなどを伝《つた》えた。織《お》田《だ》もまた、大先輩《だいせんぱい》からいろいろ学んでいくつもりだ。

いつしか船は瀬戸内海《せとないかい》の島々の間をぬけて、大海原《おおうなばら》に乗り出そうとしていた。

1　兄の言葉にしたがって

熊本《くまもと》県の北のはし、福岡《ふくおか》県と境《さかい》を接《せっ》して和水町《なごみまち》がある。そこの中林《なかばやし》という地域《ちいき》は古くは春富《はるとみ》村中林《むらなかばやし》といわれていた。

　1891（明治《めいじ》24）年8月20日、四方を山に囲《かこ》まれた春富村中林《はるとみむらなかばやし》の金栗家《かなくりけ》に男の子が生まれた。父・信彦《のぶひこ》、母・シエとの間にできた7番目の子どもで、父が43歳《さい》で生まれたことから「四三《しそう》」と名づけられた。

　四三《しそう》は夜泣《よな》きがひどく、昼はよく眠《ねむ》るのに夜になるとかならず泣《な》き出《だ》し、一晩中《ひとばんじゅう》泣《な》きつづけることも少なくなかった。

「この子はキツネつきじゃあなかろうか」

　古い時代である。キツネに取りつかれたといわれ、枕元《まくらもと》に魔除《まよ》けの刀がおかれることもあった。もちろ

▲少年時代の四三《しそう》と家族（前列右から２番目が四三《しそう》、後列右が兄実次《さねつぐ》、中列左はしが母シエ、その右が父信彦《のぶひこ》）

ん迷信《めいしん》にすぎないが、当時はそんな習わしもあったという。

ひ弱な赤《あか》ん坊《ぼう》だった四三《しそう》も、4、5歳《さい》になるとじょうぶになって、広い屋敷《やしき》の中を走りまわり、近くの和仁川《わにがわ》でウナギやナマズをつかまえたりして遊んだ。屋敷《やしき》の中には大きな酒蔵《さかぐら》があり、庭には酒樽《さかだる》も転がっていて、遊ぶ場所はたくさんあった。

金栗家《かなくりけ》は古くから酒造業《しゅぞうぎょう》を営《いとな》んできた。しかし、四三《しそう》が生まれる4、5年前、病弱だった父は酒づくりをやめてしまった。そのころの一家のくらしは、いちばん上の兄の実次《さねつぐ》が村役場につとめながら田畑をたがやし、作物をつくってささえていた。

1897年、四三《しそう》は6歳《さい》になると、家から歩いて10分ほどの春富村吉地尋常小学校《はるとみむらよしじじんじょう》に入学した。制服《せいふく》はなく、和服にわらぞうりで通う。すぐに友だちができ、空き地や田んぼ、近くの和《わ》仁川《にがわ》で遊びまわった。よく勉強もし、成績《せいせき》もよかった。家の玄関《げんかん》の横にある2畳《じょう》（約《やく》3平方メートル）ほどの板張《いたば》りの部屋が勉強部屋だった。

お祭りや先祖《せんぞ》の命日などになると、金栗家《かなくりけ》には多くのお客さんがやって来た。ごちそうが用意され、勉強部屋にもいいにおいがただよってくる。すると四三《しそう》は、部屋をぬけ出してごちそうを盗《ぬす》み食《ぐ》いに行った。しかし、実次《さねつぐ》に見つかっては追いはらわれていた。

そんなある夜、座敷《ざしき》からおいしそうなにおいがし、楽しそうな声が聞こえてきた。四三《しそう》はそっと勉強部屋をぬけ出し、座敷《ざしき》に入った。実次《さねつぐ》と目があったが、何も言わない。「今日《きょう》はいいんだ」と思った四三《しそう》は、お客さんたちにまじってはしゃぎまわった。

ところがお客さんが帰ったあと、ひどくこわい顔をした実次《さねつぐ》につかまり、四三《しそう》は便所《べんじょ》に閉《と》じこめられた。いまのような明るく、きれいなトイレではない。田舎《いなか》だから母屋《おもや》からはなれて外にあり、夜になるとまわりも中も真っ暗。小さな子どもにはこわくてたまらない場所だ。

「ごめんなさい。許《ゆる》して。出してください」

外から鍵《かぎ》をかけられ、小学生の四三《しそう》は泣《な》くしかない。大声で泣《な》いて「出してほしい」とうったえる四三《しそう》に、兄はこんなことを言った。

「四三《しそう》、おれたちは小学校までしか行っていない。おまえは勉強がよくできる。だから、上の学校に行かせてやりたいと思っている。そんなおまえが勉強を忘《わす》れて、大人《おとな》の席《せき》に出てくるとは何事だ」

当時、4年制《せい》の尋常《じんじょう》小学校は義務《ぎむ》教育だったが、その先の高等小学校や中学校に進むものはけっして多くはなかった。とくに地方では、尋常《じんじょう》小学校を卒業《そつぎょう》しただけで働《はたら》く人も多かった。それだけに勉強ができる子どもがいれば、家族や親戚《しんせき》が協力《きょうりょく》して上級の学校に進学させるのだ。だから、四三《しそう》にだけ、「学校部屋」とよんでいた勉強部屋があたえられていた。

「わかりました。もうしません。一生懸命《いっしょうけんめい》に勉強します」
兄の言葉が心にささった。

吉地尋常《よしじじんじょう》小学校を4年で終えた四三《しそう》は1901（明治《めいじ》34）年4月、大原村相谷《おおはらむらあいのたに》（いまの南関《なんかん》町《まち》）にある玉名北《たまなきた》高等小学校（いまの南関町立南関第三小学校《なんかんちょうりつなんかん》）に進んだ。春富村中林《はるとみむらなかばやし》の自《じ》宅《たく》から山坂をこえて片道《かたみち》1里《り》半（約《やく》6キロ）というから、毎日往復《おうふく》3里《り》（約《やく》12キロ）になる。

中林《なかばやし》をふくむ吉地《よしじ》地区から玉名北《たまなきた》高等小学校まで通うのは15人ほど。毎朝、集落の外れの分かれ道に集まっていっしょに登校した。いつのころからかはわからないが、子どもたちの間では「学校には走って通うものだ」という〝決まり〟ができていた。行きだけではない。帰りも授業《じゅぎょう》が終わると、みんな集まって走って帰る。

9歳《さい》の四三《しそう》も入学そうそう走らされたが、はじめはいやでしょうがなかった。石ころだらけの道は、転んだらひざをすりむいてしまう。ヘビが出てくることもあれば、雨の日は泥《どろ》だらけになった。だからといって、ひとりでおいていかれるのはもっといやだ。

一生懸命《いっしょうけんめい》、走った。やがて四三《しそう》はおもしろいことに気がついた。
ただ「ハア、ハア」と呼吸《こきゅう》するより、「スースー、ハーハー」と吸《す》う息、吐《は》く息を2度ずつに分けて呼吸《こきゅう》したほうが楽に走ることができるのだ。

このリズムをとった呼吸法《こきゅうほう》だと、速く走ることもできるようになった。速くなっただけではない、走ることが楽しくなっていった。峠《とうげ》まで、みんなよりずっと速く走っていって、そこで仲間《なかま》たちを待っている。ちょっと自慢《じまん》だった。

「どうして、そんなに速く走れるんだ」

おくれて着いた友だちが聞いてきた。四三《しそう》は胸《むね》をはって答えた。

「吸《す》う息、吐《は》く息を2度ずつ、リズムをとってやってみろ」

「スースー、ハーハーか？」

「そうだ。それで走ってみろ」

「いや、おれはやってみたけど、うまくできない。四三《しそう》は特別《とくべつ》だよ」

「特別《とくべつ》なもんか。ただ、おれにはこれがあってるんだ」

赤ん坊《あかんぼう》のころ、四三《しそう》はひ弱で夜泣《よな》きばかりしていたが、このころまでにはずばぬけた体力をもつようになる。そして毎日12キロを走る登下校で、長距離《ちょうきょり》走者としての素質《そしつ》がみがかれていった。「韋駄天《いだてん》・金栗四三《かなくりしそう》」の始まりだ。

毎日走って通っていても、四三《しそう》は兄の実次《さねつぐ》に言われたことを忘《わす》れてはいない。学校でも、家

でも勉強をがんばった。

「四三《しそう》は頭がいいな。成績《せいせき》はいつも1、2番だ」

「金栗《かなくり》は努力家《どりょくか》だからな」

同級生たちも、先生たちも四三《しそう》のがんばりを認《みと》めていた。

高等小学校の最上級生《さいじょうきゅうせい》になったとき、担任《たんにん》の先生は金栗家《かなくりけ》を訪《たず》ねてこう話した。

「四三《しそう》くんはとても優秀《ゆうしゅう》です。ぜひ、中学に進学させてやってもらえませんか」

父の信彦《のぶひこ》は、四三《しそう》の中学進学には反対だった。

「高等小学校までやったんだ。卒業《そつぎょう》したら、農作業を手伝《てつだ》えばいいんだ」

「ちょっと待ってくれ」

口をはさんだのは、金栗家《かなくりけ》の家計をささえる兄の実次《さねつぐ》だ。

「四三《しそう》だけは中学に進ませたい。おれたちがしっかりと家をささえていく。四三《しそう》には可能性《かのうせい》があるから、それをのばしてやらないか」

1904（明治《めいじ》37）年2月、日露戦争《にちろせんそう》が始まった。そのころから、四三《しそう》は中学に進むための準備《じゅんび》を始めた。吉地《よしじ》地区から中学を受験《じゅけん》するのは四三《しそう》のほかにふたり。3人の家に順番《じゅんばん》に集まっては夜おそくまで、受験《じゅけん》勉強をした。

翌年《よくねん》、協力《きょうりょく》して勉強したおかげで、３人そろって熊本《くまもと》県立熊本《くまもと》中学玉名《たまな》分校（１年後には玉《たま》名《な》中学になる。いまの熊本《くまもと》県立玉名《たまな》高校）に合格《ごうかく》した。中林《なかばやし》集落では初《はつ》の中学生の誕生《たんじょう》だ。

しかし、この年の３月４日、父の信彦《のぶひこ》が胃病《いびょう》を悪化させて亡《な》くなった。まだ56歳《さい》だった。

「なあに、学費《がくひ》のことは心配するな。おれが何とかしてやる」

兄の実次《さねつぐ》がたのもしく言った。病《やまい》でふせっていることの多かった父との思い出はあまりない。

ただ、父が療養《りょうよう》のために、近くの平山温泉《ひらやまおんせん》に出かけるとき、重曹《じゅうそう》を水でといた炭酸水《たんさんすい》を入れた大きなとっくりを、肩《かた》にかついでついていくのが四三《しそう》の役目だった。

肩《かた》にくいこむとっくりが重かったことはおぼえていた。四三《しそう》は「せめて、中学の制服姿《せいふくすがた》を見せてやりたかった」と心の中で思った。

玉名《たまな》分校は高瀬町《たかせまち》（いまは玉名《たまな》市）にある。春富村《はるとみむら》の自宅《じたく》からは菊池川《きくちがわ》ぞいに５里《り》（約《やく》20キロ）もはなれている。毎日歩いて通うことができないので、寄宿舎《きしゅくしゃ》に入った。四三《しそう》は寄宿舎《きしゅくしゃ》生活でも規則正《きそくただ》しい生活を送り、もくもくと勉強をつづけた。

「実次兄《さねつぐにい》さんのおかげで中学で学ばせてもらっているのだから、

▲玉名《たまな》分校の校舎《こうしゃ》

りっぱな成績《せいせき》をおさめなければならない」

そうちかった。子どものころ、祖母《そぼ》のスワから「金栗《かなくり》の家を再興《さいこう》してほしい」と何度も聞かされていたことも大きな理由だった。

四三《しそう》は毎週土曜日の授業《じゅぎょう》を終えると、すぐに自宅《じたく》にもどる。約《やく》20キロの道のりはさびしい場所もたくさんあるが、走ったり歩いたりして、3時間もかからずに帰る。そして、荷物をおくとすぐに畑に向かう。

「実次兄《さねつぐにい》さん、帰ってきました」

「おう、四三《しそう》。元気だったか。学校のようすはどうだ」

「みんな、よく勉強しているけど、私《わたし》も負けていません」

「そうか。勉強はなまけてはだめだ。何か、こまっていることはないか」

「だいじょうぶです」

「うん、そうか。四三《しそう》は勉強をがんばれ」

兄と語らいながら、いっしょに鍬《くわ》をふるい、土をたがやす。夜は家族に学校の話をして、1週間分の復習《ふくしゅう》と次の週の予習をかかさない。日曜日も昼過《ひるす》ぎまで畑仕事を手伝《てつだ》って、夕方5時半の門限《もんげん》に間に合うように寄宿舎《きしゅくしゃ》にもどる。毎週決まったように過《す》ごした。

そんな四三《しそう》を、兄もまた一生懸命《いっしょうけんめい》にささえた。寄宿舎《きしゅくしゃ》にもどる前、体力がつくようにと、当時は貴重品《きちょうひん》の卵《たまご》を持たせてやったり、試験《しけん》のときは神棚《かみだな》に御神酒《おみき》をそなえていのったりしていた。

兄の思いを知る四三《しそう》はますます、勉強をがんばった。寄宿舎《きしゅくしゃ》では毎日、夕食後1時間の自由時間のあと、寝《ね》る時間までが勉強時間と決まっていた。四三《しそう》はこの時間はもちろん、ときには寝《ね》る時間が来ても食堂《しょくどう》で勉強をつづけた。

1年生最後《さいご》の終業式前日、四三《しそう》にとてもうれしいことがおきた。

「金栗《かなくり》、早く来い。おまえの名前が出ているぞ」

友だちに知らされ、体操場《たいそうじょう》（体育館）に行ってみると、特待生《とくたいせい》の名前がはり出されていた。そこに、四三《しそう》の名前があった。

「やっぱり、ほんとうだったんだ」

「えっ、おまえ知っていたのか」

「いや、試験《しけん》が終わった日に上級生がどこからか聞きつけてきて、『金栗《かなくり》、おまえ特待生《とくたいせい》だぞ』って教えてくれたんだ。そのときは、ほんとうかなあと思っていたんだけど、やっぱりそうだったんだなあ……」

「あれだけ勉強していたんだから当然《とうぜん》だよ、特待生《とくたいせい》」

同級生からそう言われて、四三《しそう》はうれしくて思わず天を見上げた。うつむくと涙《なみだ》がこぼれそうだ。

「一生懸命《いっしょうけんめい》に勉強してきて、ほんとうによかった」

特待生《とくたいせい》は「成績優秀《せいせきゆうしゅう》、品行方正《ひんこうほうせい》（行いが正しい）」という条件《じょうけん》があり、職員会議《しょくいんかいぎ》で決められた。特待生《とくたいせい》に選《えら》ばれると、授業料《じゅぎょうりょう》が免除《めんじょ》される。だから条件《じょうけん》はきびしく、とくに成績《せいせき》は、すべての教科が１００点満点《まんてん》で95点以上《いじょう》でなければならない。１科目でも点数がたりないと選《えら》ばれない。１クラスにひとりいるかどうかというくらい難関《なんかん》だ。

「よかった。これで実次兄《さねつぐにい》さんの負担《ふたん》も少しは軽くできる」

２年生の授業料免除《じゅぎょうりょうめんじょ》が決まって、四三《しそう》は真っ先に兄の顔を思いうかべた。翌日《よくじつ》、終業式が終わると、まっしぐらに春富村《はるとみむら》をめざした。いつもなら少し歩くこともあるが、この日ばかりは20キロの道のりを走りつづけた。

「母《かあ》さん、兄《にい》さん、やったよ。特待生《とくたいせい》だ」

「なにっ、特待生《とくたいせい》。やったなあ」

兄の実次《さねつぐ》が肩《かた》をたたいて祝福《しゅくふく》してくれる。母のシエは泣《な》きだした。そして、裏山《うらやま》にある父の墓前《ぼぜん》で手を合わせて報告《ほうこく》した。父の死から1年がたっていた。

「父《とう》さん、四三《しそう》が特待生《とくたいせい》ですって。もう少し、長く生きていたら……このすがたも見られたのに」

そう言いながら、母は兄に頭を下げた。

「実次《さねつぐ》、苦労《くろう》して、四三《しそう》を中学に進ませてくれて、ほんとうにありがとう。あんたが四三《しそう》を中学に行かせたいといった理由がわかったよ」

その夜、涙《なみだ》とともに食べた赤飯《せきはん》の味は格別《かくべつ》だった。まもなく、仕事で朝鮮《ちょうせん》にいる2番目の兄の又作《またさく》から祝《いわ》い金《きん》がとどいた。四三《しそう》は、その金で漢和辞典《かんわじてん》を買った。14歳《さい》になっていた。

「上の学校に進みたい。もっと勉強して、社会に出たら金栗家《かなくりけ》の再興《さいこう》をはたしたい」

成績《せいせき》のよい四三《しそう》はさらに上の学校に進みたかった。しかし、ひとりで一家をささえ、自分の学資《がくし》を出してくれている実次《さねつぐ》の苦労《くろう》を見ていると、勝手なことは言えなかった。思いなやむ日々がつづいた。

1909（明治《めいじ》42）年、玉名《たまな》中学4年生になったある日、思いきって話した。

「兄《にい》さん、上級の学校に行きたいんです。これ以上《いじょう》、兄《にい》さんに苦労《くろう》をかけるわけにはいかないことはわかっています。それでも、もっと勉強がしたい。できるだけお金は使わないようにしますから、上の学校に進ませてください」

兄はしばらく考えこんだ。そして、こう言った。

「わかった。授業料《じゅぎょうりょう》のいらない学校ならいいだろう」

当時、授業料《じゅぎょうりょう》のいらない学校といえば、軍人《ぐんじん》か教員になるための学校だ。四三《しそう》は日露戦争《にちろせんそう》に勝利《しょうり》した海軍《かいぐん》にあこがれ、この年9月、海軍兵学校《かいぐんへいがっこう》を受験《じゅけん》した。

四三《しそう》はそのころ、結膜炎《けつまくえん》という目の病気にかかっていて、熊本《くまもと》市内まで治療《ちりょう》に通っていた。

「学力には自信《じしん》がある。でも、身体検査《けんさ》が問題だ」

結果《けっか》は不合格《ふごうかく》。結膜炎《けつまくえん》が治《なお》っていなかったのだ。

第一志望《しぼう》への夢《ゆめ》がかなわず、しばらくぼんやりとした日を過《す》ごしたあと、四三《しそう》は進路を中国の上海《シャンハイ》にある東亜同文書院《とうあどうぶんしょいん》に変《か》えた。

東亜同文書院《とうあどうぶんしょいん》は、中国大陸《たいりく》で活躍《かつやく》する日本の若者《わかもの》を育てるために設立《せつりつ》された学校だ。入学試《し》験《けん》に合格《ごうかく》すると、県の費用《ひよう》で勉強ができた。当時、中国大陸《たいりく》は若《わか》い人たちのあこがれだった。

▲中学4年生のころの四三《しそう》

その中国大陸《たいりく》で活躍《かつやく》したい。その思いとともに、「県の費用《ひよう》で勉強できる」ことをくわしく説《せつ》明《めい》して、実次《さねつぐ》に許《ゆる》してもらった。「よかろう」とだけ兄は言った。

東亜同文書院《とうあどうぶんしょいん》の入学試験《しけん》は翌年《よくねん》の3月だ。その予行演習《よこうえんしゅう》のつもりで、東京高等師範《しはん》学校(いまの筑波《つくば》大学)を受験《じゅけん》することにした。東京高師《こうし》は10月に熊本《くまもと》で出張《しゅっちょう》試験《しけん》をおこなう。

試験《しけん》は熊本《くまもと》市の熊本県庁《くまもとけんちょう》でおこなわれる。玉名《たまな》中学から受験《じゅけん》するふたりの同級生といっしょに、県庁《けんちょう》近くの旅館に泊《と》まった。せんべいぶとんで寒い思いをしながら3日間、試験《しけん》問題と格闘《かくとう》した。

「8割《わり》ぐらいはできた」

日頃《ひごろ》、復習《ふくしゅう》と予習をつづけてきたおかげだろう。特別《とくべつ》な受験《じゅけん》勉強をしたわけではなかったが、四三《しそう》は十分な手応《てごた》えを感じた。

12月の初《はじ》め、授業中《じゅぎょうちゅう》の教室に突然《とつぜん》、用務員《ようむいん》のおじさんが入ってきた。そして、教師《きょうし》に耳打ちすると、教師《きょうし》が四三《しそう》のほうを向いて言った。

「金栗《かなくり》くん、すぐ校長室に行きなさい」

なんだろう、四三《しそう》は訳《わけ》がわからず首をかしげた。校長によばれるのは、たいてい何か悪さをしたときだったからだ。

「おいっ、何かやらかしたんじゃないのか」となりの席《せき》から声がかかった。

「悪いことをしたおぼえはないんだけどな」

級長（学級委員）をつとめる四三《しそう》は、「成績優秀《せいせきゆうしゅう》、品行方正《ひんこうほうせい》」だ。首をかしげながら校長室のドアを開《あ》けた。

「金栗《かなくり》くん、おめでとう」

いきなり手をさし出し、甲野吉蔵《こうのきちぞう》校長が握手《あくしゅ》をもとめた。

「東京高師《こうし》、合格《ごうかく》おめでとう。いよいよきみも教師《きょうし》になるんだな。学校の名誉《めいよ》だ」

教室にもどると、クラスメートがさわいでいた。

「金栗《かなくり》やったな」

「すげえよ」

「おめでとう、級長」

みんな、自分のことのように喜《よろこ》んでいる。

四三《しそう》は合格《ごうかく》にほっとしたものの、心から喜《よろこ》んだわけではない。高師《こうし》は予行演習《よこうえんしゅう》で、本番は東亜同文書院《とうあどうぶんしょいん》なのだ。

しかし、「学校の名誉《めいよ》だ」とまで話す校長をはじめ、教師《きょうし》や級友たちのはしゃぎぶりを見ていると、ぎゃくに気が重くなった。

「兄《にい》さんは、どう思うだろう。同文書院《どうぶんしょいん》を受けさせてくれるだろうか。高師《こうし》に行けと言わないだろうか」

別《べつ》のなやみが出てきた。

合格騒《ごうかくさわ》ぎから1週間して春富村《はるとみむら》にもどった。兄へ報告《ほうこく》するためだ。

「東京高師《こうし》から合格《ごうかく》の通知がとどきました」

「それはよかった」

「しかし、私《わたし》は高師《こうし》には行かないつもりです。前に兄《にい》さんに話したとおり、これは同文書院《どうぶんしょいん》の予行演習《よこうえんしゅう》です」

「うん、うん」

「ですから、私《わたし》は同文書院《どうぶんしょいん》に行きます。中国大陸《たいりく》で大きな事業をやりたいと思っています。どうか、同文書院受験《どうぶんしょいんじゅけん》のお許《ゆる》しをいただきたいのです」

四三《しそう》は思いをこめて、兄にお願《ねが》いした。

「わかった」

兄はそう言ったあと、少し間をおいて、こう話すのだった。

「許《ゆる》しがほしいというのなら、おれの意見も言おう。高師《こうし》は合格《ごうかく》したが、同文書院《どうぶんしょいん》は試験《しけん》もこれからで、まだ合格《ごうかく》するかどうかもわからん。もし、高師《こうし》入学をことわったあとで、同文書院《どうぶんしょいん》を落ちたらどうするんだ。中林《なかばやし》にもどってきて田畑をたがやすのか。あこがれや理想論《りそうろん》だけ話していてもしょうがない。高師《こうし》はりっぱな学校だ。そこを出て、中学校の教師《きょうし》になって平和にくらせたら、それもりっぱな生き方だと思う」

四三《しそう》は「合格《ごうかく》の自信《じしん》はある」「中国大陸《たいりく》で活躍《かつやく》したい」と何度もくり返した。しかし、兄の言うこともわかる。

一晩《ひとばん》、頭を冷《ひ》やして考えたあと、東京高師《こうし》に行こうと決めた。ひとりで苦労《くろう》し、学資《がくし》を出してくれた兄の意見にはさからえなかった。

この1909年という年は、進学する東京高等師範《しはん》学校の校長、嘉納治五郎《かのうじごろう》がアジアからはじめて国際《こくさい》オリンピック委員会（IOC《アイオーシー》）委員に選《えら》ばれた年だ。嘉納《かのう》が選手団団長《せんしゅだんだんちょう》となって、日本がオリンピックに初参加《はっさんか》する1912年ストックホルム大会に、まさか自分が出場しようとは、夢《ゆめ》にも思っていない四三《しそう》だった。

2 東京高師《こうし》で才能《さいのう》が花開いた

1910（明治《めいじ》43）年4月10日、金栗四三《かなくりしそう》は東京高等師範《しはん》学校（いまの筑波《つくば》大学）の門をくぐった。

校舎《こうしゃ》は東京市小石川《こいしかわ》区大塚窪町《おおつかくぼまち》（いまの東京都文京《ぶんきょう》区大塚《おおつか》）にある。現在《げんざい》は、筑波《つくば》大学東京キャンパスや放送大学東京文京《ぶんきょう》学習センター、教育の森公園となっている。

「大日本帝国《ていこく》の将来《しょうらい》は、全国の若人《わこうど》たちの手ににぎられている。国力は若者《わかもの》たちの力だ。高師《こうし》は中学校の教員をつくることを目的《もくてき》としている。5年後、10年後の青年はきみたちの手で育てられるのだ」

入学式。四三《しそう》たち150人の新入生に向かって、校長の嘉納治五郎《かのうじごろう》が力強く語りかけた。教員志望《しぼう》ではなかった四三《しそう》だが、嘉納《かのう》の言葉に体が熱《あつ》くなった。

「もしかしたら、この先生といっしょに人生を送ることになるかもしれない」

東京高師《こうし》は1886（明治《めいじ》19）年、官立《かんりつ》高等師範《しはん》学校としてつくられた。1902年に広島《ひろしま》高等師範《しはん》学校（いまの広島《ひろしま》大学）ができて「東京」の名称《めいしょう》がついたが、全国の学校教員を育てる学校として数多くの人材《じんざい》を送り出す、教育界の中心的《ちゅうしんてき》な存在《そんざい》となっていた。

嘉納《かのう》は3度、校長をつとめ、24年間在籍《ざいせき》した。「ミスター東京高師《こうし》」とでもいうような存在《そんざい》だ。東京高師《こうし》の基礎《きそ》をつくり、中国からの留学生《りゅうがくせい》を受け入れ、教員も参加《さんか》する運動会など、多くのしくみをつくった。

柔道《じゅうどう》を創始《そうし》し、講道館《こうどうかん》をつくった人であり、日本のスポーツ界をリードする指導者《しどうしゃ》でもある。高師《こうし》でもスポーツをすることをすすめ、春と秋の長距離競走《ちょうきょりきょうそう》大会や夏の水泳合宿など、スポーツに取り組む環境《かんきょう》をととのえた。ほかの学校に先がけて体操専修科《たいそうせんしゅうか》（いまの筑波《つくば》大学体育学群《ぐん》）という専門科《せんもんか》もつくり、入学式でもこう話した。

「東京高師《こうし》では、諸君《しょくん》の心と体をきたえるため、授業《じゅぎょう》以外《いがい》でも体育をやることになっている。全員が何か運動部に所属《しょぞく》し、放課後《ほうかご》はそれぞれの体育に汗《あせ》を流して健全《けんぜん》な心、健全《けんぜん》な体を養《やしな》ってほしい」

東京高師《こうし》では教養《きょうよう》科目を習う1年生を「予科」といい、専門課程《せんもんかてい》を学ぶ2年生以上《いじょう》を「本科」とよぶ。本科生になると好《す》きな運動部に入れたが、予科生は柔道《じゅうどう》か剣道《けんどう》か、どちらかを選《えら》ばなければならなかった。

剣道《けんどう》は得意《とくい》ではないが、柔道《じゅうどう》はもっと苦手だ。四三《しそう》は放課後《ほうかご》、剣道《けんどう》をやることにした。はじめはいちばん下の6級だったが、一生懸命《いっしょうけんめい》、竹刀《しない》をふるっているうち、3学期には2級まで進んだ。

「金栗《かなくり》はほんとうに努力家《どりょくか》だねえ」と、寄宿舎《きしゅくしゃ》の仲間《なかま》があきれ顔で言った。

「いや、体を動かすことが好《す》きなんだよ」

四三《しそう》は笑《わら》ってこたえた。6級から2級になったことで「努力《どりょく》はうらぎらない」という自信《じしん》が生まれた。


東京では寄宿舎《きしゅくしゃ》に入った。本科生の寄宿舎《きしゅくしゃ》は学校の近くにあるが、予科生の寄宿舎《きしゅくしゃ》は御茶《おちゃ》の水《みず》で、学校まで4キロもある。その道のりを、みんな歩いて通う。

しかし、四三《しそう》は走った。玉名北《たまなきた》高等小学校に走って通学したように、東京高師《こうし》へも走って通った。

8時10分の授業《じゅぎょう》開始に合わせて、徒歩《とほ》組は7時20分には寄宿舎《きしゅくしゃ》を出る。四三《しそう》が寄宿舎《きしゅくしゃ》を出るのは20分ほど後だ。それでも走り出すと、徒歩《とほ》組を追いこし、毎日、学校には一番乗りした。

さすがに雨が降《ふ》る日は授業《じゅぎょう》のことを考えると走るわけにはいかないが、冬、雪が積《つ》もった道も走りつづけた。

「金栗《かなくり》ってやつは、ほんとうに走るのが好《す》きなんだなあ」
みんながあきれるほどだった。

東京高師《こうし》では嘉納《かのう》校長が考えた長距離競走大会《ちょうきょりきょうそう》が春と秋の2回、全校あげておこなわれる。四三《しそう》が入学した年の春は、赤坂区青山北町《あかさかくあおやまきたまち》（いまの港《みなと》区北青山《きたあおやま》）にあった東京府青山師範《ふあおやましはん》学校（いまの東京学芸大学《がくげい》）から玉川村《たまがわむら》（いまの世田谷区瀬田《せたがやせた》）にあった玉川《たまがわ》遊園地まで、およそ12キロの道のりでおこなわれた。

走ることには自信《じしん》のある四三《しそう》だが、スタートで出おくれた。トイレをさがしてうろうろしているうちに、出発の合図が鳴ってしまった。あわてて出発点に行ってみると、もうだれもいない。もたもたしていると、あとかたづけをしていた生活指導《しどう》担当《たんとう》の福田源蔵《ふくだげんぞう》にしかられた。福《ふく》田《だ》は熊本《くまもと》出身の先輩《せんぱい》だ。

「何をやっとるんだ、金栗《かなくり》」
「すいません。便所《べんじょ》に行っていて……。どう行けばいいんですか」
福田《ふくだ》にコースを教えられて、必死《ひっし》に追いかけた。走り出せば四三《しそう》は速い。やがて最後尾《さいこうび》のランナーを追いこすと、次々と、先に行くランナーをぬいていった。調子も上がって走っていくと、もうゴールだ。審判《しんぱん》から「25番」と背中《せなか》をたたかれた。

参加《さんか》600人中25番なら、りっぱなものだ。ただ、出おくれていなければもっと上位《じょうい》にいけた。四三《しそう》はくやしかった。

秋の長距離競走《ちょうきょりきょうそう》大会は倍の24キロを走る。大塚《おおつか》の東京高師《こうし》から板橋《いたばし》を通り、中山道《なかせんどう》に入って埼玉《さいたま》県の浦和《うらわ》から大宮《おおみや》をめざす。大宮氷川《おおみやひかわ》神社の参道《さんどう》入り口がゴールだ。

春の失敗《しっぱい》から学んだ四三《しそう》は体調をととのえ、万全《ばんぜん》な状態《じょうたい》でスタートラインに立った。

「上位《じょうい》に入るぞ」と、四三《しそう》は自分に言い聞かせていた。

600人も走るから押《お》し合《あ》いへし合い、大混雑《だいこんざつ》だ。それでも自分のペースを守りながら走っていくと、自然《しぜん》と上位《じょうい》に上がっていった。

「よし、一気に行くぞ」

スピードをあげていくと、もう前の人影《ひとかげ》は少なくなった。そのまま松並木《まつなみき》の道に入ろうとしたら、そこで止められた。

「よしっ、ここが決勝点だ」と審判員《しんぱんいん》が言う。

「えっ」

あっけないゴールに四三《しそう》はおどろいた。

「3番だ。何年生だ、おまえ」

「予科生です」

「なにっ、予科か」

四三《しそう》の答えに、今度は審判員《しんぱんいん》がおどろいた。予科生と本科最上級生《さいじょうきゅうせい》の4年生とでは体力の差《さ》、経験《けいけん》の差《さ》がある。予科生が上位《じょうい》に入ることはめずらしい。

表彰式《ひょうしょうしき》で嘉納《かのう》校長が四三《しそう》の名前をあげてこう言った。

「みんな、よく走った。なかでも予科生の金栗《かなくり》くんが3位《い》に入ったのはりっぱだ。予科でメダルをもらったのは例《れい》がない」

上位《じょうい》に入ると、メダルがもらえる。1位《い》に入った最上級生《さいじょうきゅうせい》の綿貫哲雄《わたぬきてつお》、2位《い》の徒歩部《とほぶ》（陸《りく》上競技部《じょうきょうぎぶ》）3年生の平田芳亮《ひらたよしのり》につづいて、四三《しそう》にメダルがわたされると、ひときわ大きな拍《はく》手《しゅ》と歓声《かんせい》があがった。嘉納《かのう》校長は言葉をついだ。

「下級生諸君《しょくん》も、ひとりでも多く上級生を負かすようがんばってほしい」

「校長先生が自分の名前をあげてほめてくれた」

四三《しそう》は得意《とくい》だった。うれしくて、母に手紙を書いた。長距離競走《ちょうきょりきょうそう》で3番になって嘉納《かのう》校長からメダルをもらい、全校生徒《せいと》の前でほめられたことなど、思いのまま書きつづった。

1年後、四三《しそう》は本科の地理歴史科《れきしか》に進んだ。地理と歴史《れきし》の教員をめざす学科である。寄宿舎《きしゅくしゃ》も学校の近くにうつった。寄宿舎《きしゅくしゃ》の部屋は放課後《ほうかご》の部活ごとに決められる。全員が運動部に入る東京高師《こうし》らしく、どの運動部に入るか決めなければ部屋も決まらない。

予科のときに選《えら》んだ剣道部《けんどうぶ》からさそいがあった。千葉県銚子《ちばちょうし》までこぎつづけるつらい合宿に参加《さんか》したボート部からも声がかかった。そして、全校長距離競走《ちょうきょりきょうそう》大会で3位《い》に入ったことで、徒歩《とほ》部とよばれている陸上競技《りくじょうきょうぎ》部からも入部をさそわれた。このころの東京高師徒歩《こうしとほ》部はあまり強くはなかった。有望《ゆうぼう》なランナーがいると聞くと、先輩《せんぱい》たちは毎日、入部してくれるよう声をかけてまわった。

「どの部に入ろうかな」

なやんだあげく、四三《しそう》は徒歩《とほ》部を選《えら》んだ。熱心《ねっしん》なさそいもあったが、走ることには自信《じしん》があったからだ。

「もっと練習すれば速くなるし、弱小といわれる徒歩《とほ》部を強くできるかもしれない。そして、走ることはひとりでもできる。試験《しけん》のときは、自分で練習を管理《かんり》して、勉強もできる」

「東京の学校に行かせたのは、走らせるためではない」という母の言葉が心に残《のこ》ってもいた。「勉強はしっかりやらなくてはいけない。でも、何かを始める以上《いじょう》、人に負けたくない」

徒歩《とほ》部に入ると、一生懸命《いっしょうけんめい》走り始めた。

徒歩《とほ》部はほぼ毎日、大塚《おおつか》から巣鴨《すがも》に出て板橋《いたばし》へ、往復《おうふく》4キロほどをそろって走る。体づくりが目的《もくてき》だから、練習はきびしくない。速い者もそうではない者も、強い者も弱い者も同じペースで走る。だんだん四三《しそう》にはものたりなくなった。

そこで、朝練習をすることにした。寄宿舎《きしゅくしゃ》の起床《きしょう》は午前6時、その1時間前に起きて、王子《おうじ》の飛鳥山《あすかやま》まで走る。往復《おうふく》8キロ、部の練習の2倍もある。

同じ熊本《くまもと》出身の徒歩《とほ》部員、平野芳洲《ひらのよしず》をさそって、ふたりで走る。前の日、勉強で夜ふかしすると、朝走るのはつらい。平野《ひらの》はときどき、「今日《きょう》は……」と練習を休む。しかし、四三《しそう》は休まない。もちろん、眠《ねむ》たい日もある。授業中《じゅぎょうちゅう》に居眠《いねむ》りをしてしかられることもあった。それが2か月もたつと体が慣《な》れてきて、授業中《じゅぎょうちゅう》の居眠《いねむ》りもなくなった。子どものころから、ひとつのことをつらぬき通す性格《せいかく》は変《か》わらない。だれよりも練習時間は多かった。

本科に上がった春の長距離競走《ちょうきょりきょうそう》大会は、本所《ほんじょ》区柳原《やなぎはら》（いまの墨田《すみだ》区江東橋《こうとうばし》）にある東京府《ふ》

▲東京高師《こうし》校庭でのトレーニングのようす

立《りつ》第三中学校（いまの東京都立両国高校《りょうごく》）から千葉《ちば》の国府台《こうのだい》（当時は市川村《いちかわむら》、いまは市川市《いちかわ》国府台《こうのだい》）まで12キロのコースでおこなわれた。

スタートしてすぐトップに立ったのは、剣道部《けんどうぶ》の森田文蔵《もりたぶんぞう》。徒歩部《とほ》の集団《しゅうだん》が追う。前年秋、徒歩部《とほ》ではない綿貫《わたぬき》に優勝《ゆうしょう》されたこともあって、今年《ことし》こそはと意気ごんでいる。やがて4キロほど行くと、森田《もりた》のペースが落ちた。四三《しそう》も加《くわ》わった徒歩《とほ》部の集団《しゅうだん》は先頭に立つと、ペースを守ってゴールをめざした。ところが、しばらくすると、背《せ》の高い男が追い上げてきて並《なら》び、やがて前に出て、リードを広げてしまった。4年生の平田《ひらた》がどなった。

「まずい。今度負けたら、徒歩《とほ》部は解散《かいさん》だぞ」

「私《わたし》がやります」

四三《しそう》はそう言うと、すぐに走り方を切りかえ、追い上げにかかった。全身の力をふりしぼって走る。20メートルあった差《さ》が10メートルに、5メートル、3メートル……そして並《なら》んだ。がむしゃらに走って、気がつくとゴール。

「優勝《ゆうしょう》だ！」

仲間《なかま》たちがかけ寄《よ》った。

「やったなあ」

平田《ひらた》が顔をくしゃくしゃにして喜《よろこ》んでいる。

思いをはたした四三《しそう》はほっとした。そして、長身の男がゴールの500メートルほど前で突《とっ》然《ぜん》立ち止まったことが気になって、声をかけた。

「きみ、どうしてあそこで止まったの」

「いや、腹《はら》がへって腹《はら》がへって、そばの民家《みんか》で水を飲んできました」

明るく話した背《せ》の高い男は、野口源三郎《のぐちげんざぶろう》と名のった。このとき21歳《さい》、四三《しそう》より2歳《さい》年上だが、埼玉県師範学校《さいたまけんしはんがっこう》（いまの埼玉大学《さいたまだいがく》）を卒業《そつぎょう》して東京高師《こうし》に入学したばかりだった。

この年の夏休み。四三《しそう》は念願《ねんがん》だった富士山《ふじさん》の頂上《ちょうじょう》に立った。

じつは前の年の夏休みに、熊本《くまもと》に帰る途中《とちゅう》、同じ玉名《たまな》中学出身の美川秀信《みかわひでのぶ》とふたりで富士山《ふじさん》に登ろうということになった。そのときのふたりの格好《かっこう》は着物に袴《はかま》、下駄《げた》ばきで、山に登る格《かっ》好《こう》ではなかった。石ころだらけの道をつまずきながら登りつづけたが、ついに7合目で日がくれてしまった。ここであきらめ、引き返したのだった。

その失敗《しっぱい》から装備《そうび》をととのえ、御殿場口《ごてんばぐち》から登り、夕方には御殿場《ごてんば》にもどってきた。6時間ほどの上り下りで、体調の変化《へんか》を感じた。気圧《きあつ》と関係《かんけい》していたが、このとき四三《しそう》の頭のなかには「富士《ふじ》登山は長距離走《ちょうきょりそう》のトレーニングに活用できるのではないか」という考えがうかんだ。

3 オリンピックへの道

「1912年ストックホルム・オリンピック競技《きょうぎ》大会に参加《さんか》するため、国内予選会《よせんかい》を開く」

1911（明治《めいじ》44）年10月7日、大日本体育協会《きょうかい》会長の嘉納治五郎《かのうじごろう》は全国の自治体《じちたい》や学校に1通の案内《あんない》を出した。

予選会《よせんかい》は11月18、19日に羽田《はねだ》運動場（東京都大田区《おおた》羽田《はねだ》）でおこなわれる。金栗四三《かなくりしそう》は開催《かいさい》を新聞で知った。すぐ「出てみよう」と思った。実力をためしてみたかった。

種目《しゅもく》は25マイル（約《やく》40キロ）のマラソン。6里《り》（約《やく》24キロ）を走る校内長距離走《ちょうきょりそう》大会では2度優勝《ゆうしょう》している。

「残《のこ》り16キロ、走れないことはないと思う」

徒歩《とほ》部の仲間《なかま》に話すと、「やれ、やれ」とけしかけられた。四三《しそう》に刺激《しげき》をうけた野口源三郎《のぐちげんざぶろう》と前年秋の大会で8位《い》に入った同級生、橋本三郎《はしもとさぶろう》も出場することになった。

「それにしても、10里《り》（約《やく》40キロ）走るにはどんな練習をしたらいいだろう」

なやんだすえ、四三《しそう》は東京高師《こうし》の先輩《せんぱい》で東京府立《ふりつ》三中（いまの東京都立両国《りょうごく》高校）で地理歴史《れきし》を教える菅野新七《かんのしんしち》に相談した。菅野《かんの》は大阪《おおさか》－神戸《こうべ》間でおこなわれたマラソン大会で5位《い》に入るなど、経験豊富《けいけんほうふ》だと聞いていた。

「おれの練習法《れんしゅうほう》はきびしいぞ。体から汗《あせ》をぬくんだ。走ると汗《あせ》が出るだろう、汗《あせ》が出るからつかれる。だから、走る前に汗《あせ》を全部、ぬいてしまうんだ」

いまとは、まったく逆《ぎゃく》の方法《ほうほう》だ。適度《てきど》に水分を補給《ほきゅう》しなければ体が弱り、運動をつづけるどころか、死んでしまうこともある。しかし、スポーツの、ましてやトレーニングの知識《ちしき》が普及《ふきゅう》していない当時は、こうしたまちがった考えがまかり通っていた。

四三《しそう》は菅野《かんの》に言われたまま、体から水分をぬく方法《ほうほう》をためしてみた。まず、水を飲まない。走ったあとも、うがいだけですませた。体重は減《へ》ったが、何かおかしい。夜も寝《ね》られず、頭がぼーっとしてきた。体がほてって熱《あつ》い。いまでいう熱中症《ねっちゅうしょう》だ。4日目の夜中、がまんできずに砂糖入《さとうい》りの水を何ばいも飲んだ。やがて、体は楽になった。

「やっぱり、自然《しぜん》にさからってはだめだ。水を飲み、体がもとめるとおりにするのがいちばんなんだ」

マラソンがおこなわれる11月19日は朝からくもり空、途中《とちゅう》から小雨《こさめ》がふり出し、風も吹《ふ》きはじめた。悪条件《あくじょうけん》のなか、19選手《せんしゅ》がスタートラインに立った。東京高師組《こうし》は紫《むらさき》の帽子《ぼうし》をかぶり、厚手《あつで》の冬シャツにひざ下までの半パンツ。黒い足袋《たび》をはいた。四三《しそう》はスタート前に食パンをひとかけらかじり、生卵《なまたまご》2個《こ》を流しこんだ。

午後0時半、花火を合図にスタートした。トラックを3周《しゅう》後、羽田《はねだ》運動場を出て、六郷堤《ろくごうづつみ》から東海道《とうかいどう》を走る。川崎《かわさき》、鶴見《つるみ》、生麦《なまむぎ》、新子安《しんこやす》を通り、東神奈川《ひがしかながわ》で折《お》り返《かえ》す。

先頭は予想どおり北海道《ほっかいどう》・小樽水産《おたるすいさん》の佐々木政清《ささきまさきよ》だ。慶應義塾《けいおうぎじゅく》大学の井手伊吉《いでいきち》がつづく。ふたりは名の知られた学生ランナーで優勝候補《ゆうしょうこうほ》。四三《しそう》と野口《のぐち》、橋本《はしもと》の東京高師組《こうし》は後ろに位置《いち》した。練習中に足を痛《いた》めた四三《しそう》をかばうように、野口《のぐち》と橋本《はしもと》が両側《りょうがわ》を走る。

雨が降《ふ》りしきり、しだいに寒さがましていく。過酷《かこく》なレースになるなかで、ひとり、またひとりとレースをやめる選手《せんしゅ》が出た。野口《のぐち》と橋本《はしもと》もスピードを落とすなか、もくもくと走る四三《しそう》はしだいに順位《じゅんい》を上げていった。優勝候補《ゆうしょうこうほ》のひとり、兵庫県《ひょうご》姫路師範《ひめじしはん》（いまの神戸《こうべ》大学）の白井源作《しらいげんさく》をとらえると、あとは佐々木《ささき》と井手《いで》だ。東神奈川《ひがしかながわ》の折《お》り返《かえ》しで井手《いで》を見ると、ふらふらしている。四三《しそう》はスピードをあげて強敵《きょうてき》、井手《いで》をぬいた。

「あとは佐々木《ささき》だけだぞ」

「佐々木《ささき》はくたくただぞ」

六郷《ろくごう》の土手あたりで、寄宿舎《きしゅくしゃ》の仲間《なかま》たちが声援《せいえん》をくれた。四三《しそう》の足に力がみなぎる。しだいに差《さ》をつめ、ついに並《なら》ぶ。そして羽田《はねだ》運動場が視界《しかい》に入ってきたところで佐々木《ささき》をぬき去ると、そのままゴールに飛《と》びこんだ。ゴールそばで、大会を主催《しゅさい》する大日本体育協会《きょうかい》会長の嘉納《かのう》校長がにこやかな笑顔《えがお》で拍手《はくしゅ》しているすがたが見えた。

「2時間32分45秒」

記録《きろく》が発表されると、場内に大きな歓声《かんせい》があがった。当時の世界最高記録《さいこうきろく》は2時間59分45秒。ものすごい世界最高記録《さいこうきろく》の誕生《たんじょう》だという。しかも、2位《い》の佐々木《ささき》が2時間36分1秒、3位《い》に入った井手《いで》も2時間48分だ。

「なんか、おかしいね。距離《きょり》の計測《けいそく》がまちがっていたんじゃないのか」

審判長《しんぱんちょう》の嘉納《かのう》は距離《きょり》を測《はか》った役員に聞いた。

「まちがいはありません。陸軍参謀《りくぐんさんぼう》本部の一万分の一地図をもとに測量《そくりょう》しましたから」

測量担当者《そくりょうたんとうしゃ》が自信《じしん》たっぷりに言いきったが、冷静《れいせい》に考えれば、担当者《たんとうしゃ》が地図をもとにしただけで、実《じっ》

▲国内予選会優勝《よせんかいゆうしょう》の記念写真。右が四三《しそう》

際《さい》に道のりを測《はか》ったわけではなかった。

優勝《ゆうしょう》の金杯《きんぱい》と特別賞《とくべつしょう》の銀のカップはうれしかったが、四三《しそう》の体はくたくた、寒くてふるえた。はいていた足袋《たび》の底《そこ》が途中《とちゅう》で破《やぶ》れてはだし同然《どうぜん》、かかとにできたマメがつぶれて足の裏《うら》が悲鳴をあげていた。この後、ひと月ほど歩くことも大変《たいへん》な状態《じょうたい》となった。ただただ、「じょうぶな足袋《たび》がほしい」と四三《しそう》は思った。

1912（明治《めいじ》45）年3月はじめ、学年末試験《がくねんまつしけん》の準備《じゅんび》のためねじり鉢巻《はちま》きで勉強していた四三《しそう》は、嘉納《かのう》から校長室によばれた。

「金栗《かなくり》くん、大日本体育協会《きょうかい》はこの夏のストックホルム大会に日本代表を送ることを決めた。ついては、マラソンで優勝《ゆうしょう》したきみと、短距離《たんきょり》の三島弥彦《みしまやひこ》くんに行ってもらおうと思っている。引き受けてくれるね」

「わかりました」という答えを期待していたのだろう。嘉納《かのう》は笑顔《えがお》だ。だが、四三《しそう》の答えはちがった。

「先生、私《わたし》には荷が重いように思います。羽田《はねだ》のレースでは運よく勝つことができました。しかし、十分な準備《じゅんび》も練習もできないまま、たとえ3、4か月のトレーニングを積《つ》んだとしても、まったく自信《じしん》はありません。おことわりします」

ストックホルム行きを強く辞退《じたい》した。

「金栗《かなくり》くん、まだ時間はある。考え直してくれたまえ」

「しかし、先生。行けば勝ちたいと思いますし、勝たなければまた、期待してくれる国民《こくみん》のみなさんに申しわけありません」

その日はそれで終わったが、すぐにまた嘉納《かのう》からよび出しがかかった。

嘉納《かのう》は四三《しそう》にこう言った。

「わが国はまだ、いろいろな分野でヨーロッパやアメリカの先進国にくらべてかなりおくれている。これからは学問だけではなく、新しい方向にも発展《はってん》していかなければならない。スポーツもそのひとつだ。学生が先頭に立って、国民《こくみん》の体育熱《ねつ》をふるいおこすのだ。金栗《かなくり》くん、きみの足で、マラソンの力で、日本のスポーツが発展《はってん》するきっかけをきずいてほしい。勝ってこいと言っているのではない。ベストをつくしてくれればよいのだ」

嘉納《かのう》の言いたいことは、四三《しそう》にもよくわかった。ベストをつくせば、それでいいという言葉が心にしみた。

「50年前、日米通商修好条約《にちべいつうしょうしゅうこうじょうやく》のときの日本の使者は、チョンマゲに羽織袴《はおりはかま》、刀を腰《こし》にさして太平洋《たいへいよう》をわたったものだ。アメリカでは田舎者《いなかもの》の山猿《やまざる》ぐらいに思われたことだろう。文明の差《さ》だ。何事もはじめてはつらい。自信《じしん》もなかろう。しかし、苦労覚悟《くろうかくご》で出かけていくことにこそ、人間としてのほこりがあるのではないだろうか」

嘉納《かのう》の話はだんだん熱《ねつ》を帯《お》びてきた。四三《しそう》はだまって聞いていた。だまって聞いていたが、少しずつ、嘉納《かのう》の言葉に引きこまれていることに気づいていた。

「スポーツも同じだよ。捨《す》て石《いし》となり、いしずえとなるのは苦しいことだ。敗《やぶ》れた場合の気持ちもわかる。だが、だれかがその役目をはたさなければ、日本は永久《えいきゅう》にヨーロッパやアメリカと肩《かた》をならべることはできないのだ」

嘉納《かのう》は、言葉によりいっそう力をこめた。

「このオリンピックをのがしたら、次の機会《きかい》は4年後にしかやってこない。金栗《かなくり》くん、日本のスポーツ界のため、『黎明《れいめい》の鐘《かね》』になってほしい」

黎明《れいめい》の鐘《かね》とは、夜明けをつげる鐘《かね》、つまり新しい時代を開く役割《やくわり》のことだ。

嘉納《かのう》の全身をふるわせるような話に、四三《しそう》はようやくなやんでいた気持ちが晴れた。

「わかりました、先生。金栗《かなくり》は最善《さいぜん》をつくしてまいります」

問題はしかし、それで解決《かいけつ》したわけではなかった。ストックホルムへの渡航費《とこうひ》がある。ほんとうなら、交通費《こうつうひ》、滞在費《たいざいひ》などはすべて大日本体育協会《きょうかい》が負担《ふたん》しなければならない。しかし、誕生《たんじょう》したばかりの協会《きょうかい》には支援《しえん》できる財源《ざいげん》はなく、文部省《もんぶしょう》の反対で国からの支援《しえん》もない。船賃《ふなちん》、汽車賃《きしゃちん》、ホテル代などおよそ１５００円、こづかいなどもふくめて１８００円（現《げん》在《ざい》のお金で５００万円ほど）にもなる費用《ひよう》は、自分で用意しなければならなかった。

「１８００円なんて大金、どうやって用意すればいいんだ……」

父通庸《みちつね》が警視総監《けいしそうかん》などをつとめ、兄の弥太郎《やたろう》はのちに日本銀行総裁《そうさい》となる家に生まれた三島《みしま》は、問題はなかった。しかし、熊本《くまもと》から上京し、授業料免除《じゅぎょうりょうめんじょ》の東京高師《こうし》に学ぶ四三《しそう》にとっては、一大事だ。辞退《じたい》申し入れの背景《はいけい》には、こうした問題もあったかもしれない。

四三《しそう》は故郷《こきょう》の母と兄に手紙を書いた。予選会《よせんかい》のこと、尊敬《そんけい》する嘉納《かのう》校長からじきじきに説得《せっとく》されたこと、なやんだあげく引き受けざるを得《え》なくなったことなどを書きつづった。

正直にうったえても、走ることさえ「勉強のさまたげになる」という母を説得《せっとく》できるはずもない。手紙は出したが、家の経済状況《けいざいじょうきょう》ではお金を出してもらうのはむずかしい。

「だめなら借金《しゃっきん》をしてでも参加《さんか》しよう。借《か》りたお金は、東京高師《こうし》を卒業《そつぎょう》して学校の先生になって返していけばいい」

四三《しそう》は、真剣《しんけん》に考えていた。

10日ほどして、返事がきた。封《ふう》を切ると、見慣《みな》れた兄の字が並《なら》んでいた。

「四三《しそう》、よくやった。家門のほまれ（わが家の名誉《めいよ》）だ。地元の人たちも大変《たいへん》な名誉《めいよ》だと喜《よろこ》んでくれた。行ってこい。行って力いっぱい走ってこい。金のことは心配するな。たとえ田畑を売っても、そのための金ならおしくはない」

思ってもみない兄の返事に、涙《なみだ》があとからあとからこぼれた。家じゅうが「名誉《めいよ》だ」と喜《よろこ》んでくれている。こんなにうれしいことはなかった。母の顔、兄の顔がうかぶ。「やるぞ」という思いが心の底《そこ》からわいてきた。

「金栗《かなくり》はわれわれの代表じゃないか。日本ではじめてのオリンピック選手《せんしゅ》として、世界のひのき舞台《ぶたい》に立つんだ。金栗《かなくり》を応援《おうえん》しようじゃないか」

東京高師《こうし》の寄宿舎《きしゅくしゃ》では、四三《しそう》の後援会《こうえんかい》がつくられた。だれ言うともなく同級生が立ち上がり、教員や職員《しょくいん》、全国の同窓生《どうそうせい》によびかけて寄付《きふ》をつのり始めた。そして、なんと1500円も集めてしまった。そのおかげで、兄・実次《さねつぐ》の負担《ふたん》も300円ほどですんだ。熊本《くまもと》県人会も郷里《きょうり》の

英雄《えいゆう》のためと協力《きょうりょく》をおしまなかった。

ストックホルムへの出発までの間、四三《しそう》ははじめて経験《けいけん》する外国への旅に向けた準備《じゅんび》を始めた。百貨店《ひゃっかてん》の三越《みつこし》に行き、正装《せいそう》となる燕尾服《えんびふく》とフロックコート、スーツにネクタイ、エナメル靴《ぐつ》から下着まで買いそろえた。小石川《こいしかわ》にあるレストランではナイフとフォークの使い方を学び、船酔《ふなよ》いにそなえて、船に乗ってみたりもした。

嘉納《かのう》が心配して、ときおりようすを聞いてくる。「用意はできたか」といって訪《たず》ねてきては、身だしなみや食事のマナーなど、細かく指導《しどう》してくれた。嘉納《かのう》のすすめで、選手団監督《せんしゅだんかんとく》となった大森兵蔵《おおもりひょうぞう》の妻《つま》アニー（日本名・安仁子《あにこ》）夫人《ふじん》から英会話《えいかいわ》も学んだ。

もちろん、競技《きょうぎ》のためにじっくり走りこみ、学校の近くにあった播磨屋《はりまや》という足袋《たび》の店に、裏底《うらぞこ》に厚《あつ》い布《ぬの》を二重、三重に重ねた特製足袋《とくせいたび》を注文した。それまではいていた足袋《たび》は底《そこ》がうすく、軽いけれどもすぐに破《やぶ》れた。そこで工夫《くふう》してみたのだ。

「金栗《かなくり》を盛大《せいだい》に送り出してやろうじゃないか」

寄宿舎《きしゅくしゃ》の食堂《しょくどう》で壮行会《そうこうかい》が開かれたのは、出発を1週間後にひかえた5月初《はじ》めだった。ふだんの夕食に2品ほど加《くわ》わっただけの質素《しっそ》な会だ。しかし、同級生の応援《おうえん》がなによりうれしかった。

「ありがとう。がんばってくるよ」

四三《しそう》はひとりひとりにこたえた。

その壮行会《そうこうかい》に思いがけない人があらわれた。母校、玉名《たまな》中学の甲野吉蔵《こうのきちぞう》校長だ。この日たまたま、全国中学校校長会が東京高師講堂《こうしこうどう》で開かれたため、熊本《くまもと》から上京していた。そして、教え子の四三《しそう》の壮行会《そうこうかい》があると聞かされ、顔を出したのだった。

「私《わたし》の教え子が代表に選《えら》ばれたことは、このうえない喜《よろこ》びです。私《わたし》が教えた5年間、金栗《かなくり》は運動については何の興味《きょうみ》もなさそうな男でした。その男がオリンピックに行く。われとわが耳を疑《うたが》ったものでした」

甲野《こうの》校長はユーモアたっぷりに話した。

「金栗《かなくり》くん、東京高師《こうし》の面目《めんぼく》にかけ、日本国民《こくみん》の名誉《めいよ》にかけて、健闘《けんとう》をいのる」

甲野《こうの》校長がこう結《むす》ぶと、会場は大きな拍手《はくしゅ》につつまれた。

かつて東京高師合格《こうしごうかく》をわがことのように喜《よろこ》んでくれた恩師《おんし》の言葉に、四三《しそう》は「東京高師《こうし》に進んでよかった」と思った。

そして、四三《しそう》はあらためて「健闘《けんとう》、力走」をちかうのだった。

4　たたかいの地、ストックホルムへ

「おっ、金栗《かなくり》だ、金栗選手《かなくりせんしゅ》が来たぞ」

「ばんざーい、ばんざーい！」

「日本のために、がんばってきてくれ！」

「ばんざーい、ばんざーい！」

1912（明治《めいじ》45）年5月16日、人であふれる新橋停車場《しんばしていしゃじょう》（いまの旧新橋停車場跡《きゅうしんばしていしゃじょうあと》）では、人混《ひとご》みのあちこちでばんざいの声がおこった。そのなかを、金栗四三《かなくりしそう》は少し照《て》れたような顔で歩いた。

四三《しそう》は、東京高等師範《しはん》学校のある大塚《おおつか》から、「祝国際選手《しゅくこくさいせんしゅ》　金栗四三君《かなくりしそう》」と染《そ》めぬかれた大きなのぼりを先頭に、100人以上《いじょう》の教職員《きょうしょくいん》や高師生《こうしせい》といっしょに歩いてきた。途中《とちゅう》、皇居《こうきょ》の前で永井道明《ながいみちあき》教授《きょうじゅ》が「金栗選手《かなくりせんしゅ》に勝利《しょうり》の栄冠《えいかん》を」とさけんでばんざいを三唱《さんしょう》した。

「あっ、金栗《かなくり》さんが来たぞ」

「あれが金栗《かなくり》さんか、すごいなあ」

「世界記録《きろく》で羽田《はねだ》の予選会《よせんかい》を走ったんだぞ」

「ストックホルムは優勝《ゆうしょう》だな」

「そうだ、そうだ」

「金栗《かなくり》、優勝《ゆうしょう》だぞ！」

新橋停車場《しんばしていしゃじょう》には、100人をこえる東京府青山師範《ふあおやましはん》学校（いまの東京学芸大学《がくげい》）の生徒《せいと》もつめかけていた。彼《かれ》らには東京高師《こうし》があこがれであり、四三《しそう》はさらにあこがれの的《まと》となっていた。

四三《しそう》は少し照《て》れくさそうにあいさつした。紺《こん》のスーツに水色のネクタイ、山高帽《やまたかぼう》。20歳《さい》になる四三《しそう》は、はじめて着たスーツが「にあっていないなあ」と思った。

少しおくれて、三島弥彦《みしまやひこ》が自家用車でやってきた。四三《しそう》より6つ年上の東京帝国《ていこく》大学生は、濃紺《のうこん》のダブルのスーツにカンカン帽《ぼう》すがた。慣《な》れたようすで、見送りの人たちと話している。

ふたりは新橋《しんばし》から監督《かんとく》の大森兵蔵《おおもりひょうぞう》、大森《おおもり》の妻《つま》アニーとともに汽車で福井《ふくい》県の敦賀《つるが》まで行き、船、シベリア鉄道と乗りついでストックホルムに向かう。

「日本代表、ばんざーい！」

「三島《みしま》、ばんざーい！　金栗《かなくり》、ばんざーい！」

一行は新橋《しんばし》を出発、東海道線《とうかいどうせん》を走り、米原《まいばら》で北陸線《ほくりくせん》に乗りかえて敦賀《つるが》に向かう。汽車が大船《おおふな》、沼津《ぬまづ》、静岡《しずおか》、名古屋《なごや》、岐阜《ぎふ》と大きな駅に止まるたび、地元にいる東京高師《こうし》の先輩《せんぱい》やその教え子たちがホームまで来て「日本代表、ばんざーい」をくり返した。名産品《めいさんひん》を車内に運び入れ、四三《しそう》たちに贈《おく》ってくれる。そのたびに4人は席《せき》をはなれて、あいさつしなければならない。眠《ねむ》たいが、しかたがない。

5月17日の朝、敦賀《つるが》に着き、旅館で休息したあと、午後に敦賀港《つるがこう》へ向かった。いよいよ鳳山丸《ほうざんまる》で、まずはロシアのウラジオストクに旅立つのだ。敦賀《つるが》市内の行く先々で、集まった人たちから「ばんざい」で見送られ、「がんばれ」と声をかけられた。

船に乗りこむと夕食で、習ったばかりのテーブルマナーを披露《ひろう》し、潮水《しおみず》の風呂《ふろ》から出ると、すぐにベッドで眠《ねむ》りについた。

「若《わか》いっていいなあ」

ようすを見に来た監督《かんとく》の大森《おおもり》が、眠《ねむ》りこける四三《しそう》と三島《みしま》を見て、ポツンと言った。このころにはもう、大森《おおもり》は肺《はい》を病《や》んでいた。

▲敦賀港《つるがこう》から鳳山丸《ほうざんまる》で出発する一行（左から3番目が四三《しそう》。その右どなりが三島《みしま》）

5月19日の朝、寒さにふるえて目が覚《さ》めた。ウラジオストクの街並《まちな》みがはっきり見えた。日本は若葉《わかば》の季節《きせつ》だが、ロシアはまだ冬だ。

「世界は広い」と四三《しそう》は思った。

3000人ほどの日本人がくらすというウラジオストクの街並《まちな》みを少し歩いたあと、シベリア鉄道に乗りこむ。ここでも、おおぜいの日本人の人たちに見送られた。

5月20日、ハルビンに着いた。

「すわってばかりでは、体がなまってしまう」

三島《みしま》とふたりでホームにおりて体をほぐし、ホームのはしからはしまで走ってみた。昼は座《ざ》席《せき》にすわったきり、体を動かせないのがつらかったので、少し気持ちが晴れた。

シベリア鉄道に乗ってから、節約《せつやく》のため、食事はアニー夫人《ふじん》がアルコールランプで湯をわかしてあたためた牛乳《ぎゅうにゅう》と、日本から持ってきたかんづめ、それに駅々で買ったパンにバターをぬってかじるくらいですませていた。

同じくストックホルム入りするアメリカ選手団《せんしゅだん》は巨大客船《きょだいきゃくせん》「フィンランド号」を貸し切《き》り、プールや体育施設《しせつ》を使い、甲板《かんぱん》で走ることもできた。専属《せんぞく》の料理人《りょうりにん》が腕《うで》をふるい、大会期間中はここを宿舎《しゅくしゃ》として競技《きょうぎ》にのぞんだ。やっと選手《せんしゅ》を送り出した日本とは、環境《かんきょう》がちがっていた。

もちろん、四三《しそう》たちはそんなことは知らない。車窓《しゃそう》から見る草原の大きさ、夕焼《ゆうや》け時の美しさだけをなぐさめに旅をつづけた。

5月21日、イルクーツクでモスクワ行き急行に乗りかえる。三島《みしま》が寝台券《しんだいけん》を買いに走り、四三《しそう》はロシア人の運搬人《うんぱんにん》に身ぶり手ぶりで指示《しじ》して荷物を運んだ。

その夜、大森《おおもり》が血を吐《は》いた。肺《はい》の病気が進行してきたのか、この後、大森《おおもり》は横になっていることが増《ふ》えた。四三《しそう》と三島《みしま》は交代で看病《かんびょう》にあたった。

5月28日朝、列車はようやくモスクワに着き、ホテルで休憩《きゅうけい》することができた。四三《しそう》はこのとき、生まれてはじめて自動車に乗った。四三《しそう》たちは日本領事館《りょうじかん》の総領事《そうりょうじ》といっしょにクレムリン宮殿《きゅうでん》を見学することにした。すると、大森《おおもり》が言い出した。

「ぼくも行くよ。一世一代の見物だから」

前の夜、4人は節約《せつやく》のための自炊《じすい》をやめて食堂車《しょくどうしゃ》でおいしい食事をした。ひさしぶりに笑顔《えがお》があふれ、それで大森《おおもり》の気分もよくなったのだろう。ところが、上り下りの多い宮殿《きゅうでん》を見てまわるうち、大森《おおもり》は気分が悪くなった。顔面蒼白《そうはく》になった大森《おおもり》を四三《しそう》が背負《せお》って歩いた。

その日の夕方、モスクワを発《た》ち、5月29日朝、ロシアの首都のサンクトペテルブルクに到《とう》着《ちゃく》した。ロシア大使の本野《もとの》一郎《いちろう》がむかえてくれた。あの近代オリンピックの創始者《そうししゃ》、ピエール・ド・クーベルタンから「日本人IOC《アイオーシー》委員」の推薦《すいせん》をたのまれた駐日《ちゅうにち》フランス大使、オーギュスト・ジェラールに相談されて、嘉納治五郎《かのうじごろう》を紹介《しょうかい》した外交官《がいこうかん》だ。

本野《もとの》大使が開いてくれた日本大使館での歓迎会《かんげいかい》で、4人は久《ひさ》しぶりに日本料理《りょうり》を食べた。

「やっぱり日本の食べもんがいちばんです」

四三《しそう》がうれしそうに声をあげ、寿司《すし》やさしみ、みそ汁《しる》など次々と平らげていった。三島《みしま》も、おなかいっぱい日本の味を楽しんだ。長旅でつかれていただろうが、大森《おおもり》も笑顔《えがお》だ。

5月31日夕方、歓迎会《かんげいかい》がつづいたサンクトペテルブルクをはなれ、船でストックホルムに着いたのは6月2日。新橋《しんばし》を発《た》って18日目だった。

このころはまだオリンピック選手村《せんしゅむら》はなく、それぞれの国で選手団《せんしゅだん》の宿舎《しゅくしゃ》を用意していた。日本選手団《せんしゅだん》はストックホルムの街中《まちなか》の、下宿屋をかねた3階建《かいだ》ての小さなホテルに落ちついた。

その夜、内田定槌《うちださだつち》駐《ちゅう》スウェーデン公使が開いてくれた歓迎《かんげい》夕食会のあと、四三《しそう》たちは開会式と陸上競技《りくじょうきょうぎ》の会場となるオリンピック・スタジアムを見学した。初夏《しょか》のストックホルムは白夜《びゃくや》で、太陽はまだ高い。その光にトラックの白い線が輝《かがや》き、フィールドの芝生《しばふ》の緑に目をうばわれた。観客席《かんきゃくせき》は高くそびえていた。

「すごいなあ。日本では見たこともないスタジアムだ。ここを入場行進するのか」

四三《しそう》は、ただただ見とれた。

翌日《よくじつ》、四三《しそう》は、オリンピックの組織《そしき》委員会から派遣《はけん》されたガイドに連《つ》れられて、マラソンコースを見学した。町外れのマラソンゲートを出ると、両側《りょうがわ》にはマツやスギ、クルミの木が連《つら》なり、ゆるやかな起伏《きふく》のコースがつづいている。

「コースの半分は舗装《ほそう》してあります」

ガイドが言った。じつは、この石畳《いしだたみ》の舗装《ほそう》が四三《しそう》を苦しめることになる。

三島《みしま》はオリンピック・スタジアムで開かれたスウェーデンの最終予選《さいしゅうよせん》を見に行ってきた。

「外国人選手《せんしゅ》は速いよ」

そう四三《しそう》に言って、ベッドに仰向《あおむ》けにたおれこんだ。

3日間休んだあと、ふたりは6月6日から練習を始めた。三島《みしま》は練習会場のグラウンドでスタート、ダッシュをくり返した。その練習を四三《しそう》が手伝《てつだ》う。

「金栗《かなくり》くん、スタートの合図をしてくれないか」

三島《みしま》にたのまれて、四三《しそう》は「ヨーイ、ドン」と手をたたく。ほかの国の選手《せんしゅ》には練習相手がいるのに、三島《みしま》はひとりだけ。四三《しそう》がコーチ役をつとめなければならなかった。

四三《しそう》は三島《みしま》の練習を手伝《てつだ》ったあと、マラソンコースをひとり走る。ほかの国の選手《せんしゅ》たちはみんなゴム底《ぞこ》のランニングシューズをはいている。四三《しそう》のように足袋《たび》をはいている人はいない。

「それは何だ？」とめずらしそうに聞かれて説明《せつめい》にこまった。

彼《かれ》らにはいっしょに練習するコーチがついていた。並《なら》んで走ったり、自動車や自転車で伴走《ばんそう》したりして走り方をチェックし、タイムを伝《つた》えたりしている。

練習が終わると、コーチは選手《せんしゅ》の足をマッサージし始めた。

「へえー、練習後は足をもむのか……」

四三《しそう》はマッサージなど、したこともなかった。日本ではまだ、トレーナーもドクターも考えられない時代だ。

はじめのうちは気温も低《ひく》く、ほかの国の選手《せんしゅ》も少なくて走りやすかったが、やがてライバルたちが増《ふ》えてくると、緊張《きんちょう》することが増《ふ》えた。6月も下旬《げじゅん》になると、北の国スウェーデンでも気温が上がってくる。つかれを感じるようになっていた。

「痛《いた》い！」

足に衝撃《しょうげき》が走った。四三《しそう》ははじめて経験《けいけん》する石畳《いしだたみ》の道路で、ひざの筋肉《きんにく》を痛《いた》めてしまった。三重にしたはずの足袋《たび》も底《そこ》がわれていた。足袋《たび》は東京に電報《でんぽう》を打って送ってもらったが、足の痛《いた》みはひかない。

「これでは、思いどおりの練習ができない……」

「ほかの国の短距離走選手《たんきょりそうせんしゅ》はみんな大柄《おおがら》で、速い。スピードがまるでちがう……」

三島《みしま》も自信《じしん》を失《うしな》っていた。5尺《しゃく》7寸《すん》（174センチ）の三島《みしま》は日本では長身だが、まわりは180センチ台の選手《せんしゅ》ばかり。体格《たいかく》だけではなく、走る速さも全然《ぜんぜん》ちがう。

オリンピックが始まる前だというのに、四三《しそう》も三島《みしま》も落ちこんだ。

白夜《びゃくや》で午前2時ごろから空が明るくなり、午後10時ごろまで太陽がしずまない。明るくて、ねむれない。宿舎《しゅくしゃ》のホテルは電車通りに面していて、午前5時ごろには電車が動き出し、夜おそくまで人々のざわめきが聞こえてくる。寝不足《ねぶそく》もつづいてつらかった。

6月28日、選手団長《せんしゅだんちょう》の嘉納《かのう》がおくれてストックホルムに着いた。

「どうした、みんな元気でやっていたか」

「先生、大変《たいへん》でした」

嘉納《かのう》の顔を見たとたん、四三《しそう》はほっとした。そして、その夜おそくまで、四三《しそう》は三島《みしま》といっしょに、新橋の出発に始まった旅から、ストックホルムでの練習のようすまで、嘉納《かのう》に事細かく伝《つた》えるのだった。

「大変《たいへん》だったねえ。何事もはじめてはつらいものだよ」

嘉納《かのう》のねぎらいの言葉が心にひびいた。

5　猛暑《もうしょ》のストックホルムに負けた

7月6日、ストックホルムの空は明るく晴れわたった。オリンピック・スタジアムで28の国と地域《ちいき》の選手団《せんしゅだん》が参加《さんか》して、国旗《こっき》をかかげて入場式をおこなう。すでに始まっている競技《きょうぎ》もあったが、選手《せんしゅ》がいちばん集まりやすい日に入場行進がおこなわれた。

日本は9番目。「NIPPON《ニッポン》」と書かれたプラカードを金栗四三《かなくりしそう》が持ち、日の丸を三島弥彦《みしまやひこ》がかかげた。

ふたりとも胸《むね》に日の丸をぬい付《つ》けた白い半袖《はんそで》シャツに、白い半ズボン。三島《みしま》は黒の靴下《くつした》に白のシューズ、四三《しそう》は黒い足袋《たび》をはいた。後ろには山高帽《やまたかぼう》に燕尾服《えんびふく》の嘉納《かのう》や大森《おおもり》たちがつづいた。

満員《まんいん》の3万人の観衆《かんしゅう》から地ひびきのような拍手《はくしゅ》と声援《せいえん》がおきた。

「すごい熱気《ねっき》だ。生きた心地《ここち》がしないな……」

四三《しそう》は、ただただ夢中《むちゅう》で歩いた。どう歩いたのかもおぼえていない。

じつは、開会式の前に、入場行進のプラカードをどう表記するか、日本選手団《せんしゅだん》の間で少しもめた。

「日本はにっぽんだ。漢字で、日本と書けばいいでしょう」

そう言ったのは四三《しそう》だ。しかし、長くアメリカに留学《りゅうがく》していた監督《かんとく》の大森《おおもり》は、海外での経験《けいけん》から四三《しそう》の案《あん》に反対した。

「漢字表記ではほかの国の人たちが読めない。英語《えいご》の『ＪＡＰＡＮ《ジャパン》』でいいんじゃないか」

「いえ、ＪＡＰＡＮ《ジャパン》は外国人が勝手につけた名前です。日本人なら、日本とよぶべきです」

四三《しそう》はがんこに日本にこだわった。やりとりを聞いていた団長《だんちょう》の嘉納《かのう》が助け船を出した。

「それでは、ローマ字で『ＮＩＰＰＯＮ《ニッポン》』としたらどうだろうか」

この一言で、オリンピックに初参加《はつさんか》した日本は「ＮＩＰＰＯＮ《ニッポン》」として入場行進するのだった。オリンピックの開会式で「ＮＩＰＰＯＮ《ニッポン》」という表記が使われたのは、この１９１２年ストックホルム大会が最初《さいしょ》で最後《さいご》だ。次の１９２０年アントワープ大会（１９１６年ベルリン大会は第一次世界大戦《せかいたいせん》の影響《えいきょう》で中止）以降《いこう》は、「ＪＡＰＡＮ《ジャパン》」として参加《さんか》している。

入場行進した日の午後、スタジアムでは陸上競技《りくじょうきょうぎ》１００メートルの予選《よせん》が始まった。三島《みしま》が準備《じゅんび》を始めると、「ミシマ」「ミシマ」と声がかかった。ドイツ大使館駐在武官《ちゅうざいぶかん》の山本英輔《やまもとえいすけ》や林弥三吉《はやしやさきち》たちが日の丸の小旗《こばた》をふっていた。

▲入場行進のようす。四三《しそう》が「NIPPON《ニッポン》」のプラカードを持っている

NIPPON

予選《よせん》16組、日本人としては大柄《おおがら》な三島《みしま》が外国人選手《せんしゅ》の間では小さく見える。スタートはそろってとび出した。三島《みしま》はしかし、50メートルを過《す》ぎたあたりで最下位《さいかい》に落ちた。タイムは11秒8。日本でおこなった予選会《よせんかい》のときよりも0秒2速かった。

三島《みしま》は嘉納《かのう》や大森《おおもり》に元気よくつげた。しかし、四三《しそう》とふたりだけになったとき、小さな声で

「自己最速記録《じこさいそくきろく》です」

言うのだった。

「金栗《かなくり》くん、日本人には短距離《たんきょり》は無理《むり》なようだ」

三島《みしま》は日本ではスーパーマンのようなスポーツ選手《せんしゅ》だ。陸上競技《りくじょうきょうぎ》だけではなく、水泳は講《こう》習所《しゅうじょ》の教官《きょうかん》をつとめるほどの実力の持ち主だったし、大相撲《おおずもう》では当時の大関《おおぜき》と互角《ごかく》の勝負をした。野球は学習院《がくしゅういん》では4番でエース、東大にスキー部をつくり、ボートの選手《せんしゅ》としても活躍《かつやく》するなど、縦横無尽《じゅうおうむじん》にスポーツ界をとびまわっていた。そんな男が肩《かた》を落としているのだ。

4日後の7月10日、200メートル予選《よせん》でも、三島《みしま》は最下位《さいかい》に終わった。

12日、400メートル予選《よせん》はふたりで走って2着だったが、準決勝《じゅんけっしょう》に進むことができた。入場行進にも参加《さんか》し、選手団《せんしゅだん》といっしょに行動していたドイツ留学中《りゅうがくちゅう》の京都帝国《きょうとていこく》大学（いまの京都《きょうと》大学）教授《きょうじゅ》、田島錦治《たじまきんじ》が「どん尻《じり》でも準決勝《じゅんけっしょう》に進んだのだから、日本スポーツ界の記念日《きねんび》

だ」と元気よく声をかけた。しかし、三島《みしま》は「右足の痛《いた》み」を理由に、準決勝《じゅんけっしょう》への出場をとりやめた。つかれは頂点《ちょうてん》に達《たっ》していた。

「せめて自分は、がんばらなくては」

四三《しそう》はそう思った。予定していた1万メートルは出場を取りやめた。得意《とくい》のマラソンだけにしぼって、がんばるつもりだ。

マラソンは陸上競技《りくじょうきょうぎ》の最終日《さいしゅうび》、7月14日におこなわれる。レースのことを考えるとあまり眠《ねむ》れなかった。午前8時、ベッドをぬけ出してカーテンを開《あ》けると、北の国とは思えない強い日ざしが目にとびこんできた。

「暑くなるなあ」

冷《つめ》たい水で顔をあらい、眠気《ねむけ》をとばす。ホテルの食堂《しょくどう》におりていくと、監督《かんとく》の大森《おおもり》がいた。肺《はい》の病気がつらく、大森《おおもり》は三島《みしま》のレースが終わると、ベッドに横になる日がつづいていた。この日もアニー夫人《ふじん》に外出を止められたのだが、「今日《きょう》だけは、金栗《かなくり》くんのレースを見ないと……」と起きてきた。

午後1時半のスタートにそなえてタクシーをよんだ。しかし、この日にかぎってなかなか来ない。電車に乗ろうと駅に行くと、スタジアム行きは満員《まんいん》で乗れない。

「歩くしかないな」

大森《おおもり》のようすを見ながら、歩くことにした。温度計は、じりじりと上がっていた。

ようやくスタジアムに着いたとき、もう選手《せんしゅ》たちの集合よびかけが始まっていた。出場予定は98人。しかし、スタートラインに立ったのは66人だった。暑さのあまり、棄権《きけん》する選手《せんしゅ》が多く出ている。四三《しそう》は配られた日よけの布《ぬの》をかぶり、ようやく落ちついた。

そうしているうちに集団《しゅうだん》が動いた。「あれっ」と思ったときにはスタート。選手《せんしゅ》たちは短距《たんきょ》離《り》走者のように走り出した。後から追いあげるスタイルの四三《しそう》はついていけない。少し、とまどった。それでも、ひとり、ふたりと追いこしていき、自分のペースを取りもどした。

「よしっ、これなら、だいじょうぶだ」

ふっと、「家門のほまれだ」と喜《よろこ》んでくれた兄、涙《なみだ》ぐんでいる母の顔がうかんだ。

「がんばらなくては……」と、元気がわいた。

日ざしはますます強くなり、舗装《ほそう》した道路からは太陽が照《て》り返《かえ》してくる。のどがかわく。汗《あせ》が目に入る。ぬぐってもぬぐっても、汗《あせ》が出てくる。

「苦しい。でも、ほかの選手《せんしゅ》だって苦しいはずだ」

そう思って走る。走っていくうち、前にいた選手《せんしゅ》たちがひとり、またひとりと落ちていく。

「スースー、ハーハー」

小学校時代から身についていた呼吸法《こきゅうほう》が、あせっていた気持ちを落ちつかせてくれた。

「そうだ、そうだ。その調子」

自分に言い聞かせて走る。

「このまま追いあげていけば、きっと上位《じょうい》に上がっていけるはずだ」

そう思い直して走る。

スタートからおよそ20キロの折《お》り返《かえ》し地点へは丘《おか》を上る。坂道の手前にあった給水所《きゅうすいじょ》で水を飲み、頭から水を2はいかけた。

「さあ、これからだ」と元気が出た。

折《お》り返《かえ》すと今度は下りだ。

「やるぞ」と力がみなぎる。

太陽はしかし、容赦《ようしゃ》なく照《て》りつけ、舗装《ほそう》された道から熱《あつ》い空気が上がってくる。体が焼《や》けるように熱《あつ》い。のどがますますかわく。

「苦しいのはおれだけじゃない」と歯を食いしばる。

しかし、だんだん体が重たくなってきた。「がんばるぞ」と思うのだが、力強く、正確《せいかく》にリ

ズムをとってきた腕《うで》に力が入らない。

足が上がらない。だんだん痛《いた》くなってきた。

道のわきに寄《よ》って、少し休んだ。

「呼吸《こきゅう》だ。スースー、ハーハー。これを守るんだ」

そして、また走る。スピードが上がらない。

やがて、よろよろと歩き出した。心臓《しんぞう》のあたりが痛《いた》い。ついに道ばたにすわりこんでしまった。

「もう、ゴールまでたどりつけないかもしれない」

スタートから26・7キロ。四三《しそう》は、意識《いしき》がもうろうとしていった。


スタジアムには、レースの経過《けいか》が中継地点《ちゅうけいちてん》ごとに表示《ひょうじ》された。しかし、折《お》り返《かえ》し地点を過《す》ぎたはずの「KANAKURI《かなくり》」という名前は出てこない。

「いったいどうしたんだ」

スタジアムにいた嘉納《かのう》や大森《おおもり》、三島《みしま》たちはあせった。やがて南アフリカのケネス・マッカーサーがトップでもどってきた。優勝《ゆうしょう》タイムは2時間36分54秒。それから58秒後に、同じ南アフリカのクリスチャン・ギッチャムがゴールした。だが、四三《しそう》はもどってこない。次々と選手《せんしゅ》たちがつかれはてたようすでゴールする。そこに、四三《しそう》のすがたはなかった。

「ホテルにもどろう」

嘉納《かのう》たちがホテルにもどってみると、部屋の中に、なんと四三《しそう》がいるではないか。

「どうしたんだ？」

嘉納《かのう》が聞く。

四三《しそう》はつかれはてたようすで、肩《かた》を落としていた。

「金栗《かなくり》、なんたる意気地《いくじ》なしか。日本人のねばりと闘志《とうし》はどうした。大和魂《やまとだましい》をどこへ捨《す》てた」

田島《たじま》がはげしい口調《くちょう》で問いつめた。

四三《しそう》は頭を下げるしかなかった。

「申しわけありません。最初《さいしょ》は調子もよかったんです。でも、レースの途中《とちゅう》から心臓《しんぞう》が破裂《はれつ》しそうになって、それでたおれてしまったようです」

四三《しそう》の両目から涙《なみだ》があふれた。「たおれた記憶《きおく》もないんです」と、きれぎれに答えた。

「折《お》り返《かえ》し地点を過《す》ぎたあたりで意識《いしき》がもうろうとしてしまって、沿道《えんどう》のペトレという家の庭にまよいこんでしまったようです。気がつくと、そこの家の人に手当てをしてもらっていました」

　ペトレ家には、ほかにもレースに参加《さんか》したランナーたちがいたという。

「私《わたし》が落ちつくと、フルーツジュースとシナモンロールをごちそうしてくださり、ホテルまで送りとどけてくださいました」

　完走者《かんそうしゃ》、わずか34人。炎天下《えんてんか》のレースはきびしく、日射病《にっしゃびょう》でたおれて、そのまま息を引きとった選手《せんしゅ》までいた。四三《しそう》はホテルにもどったまま、大会事務局《じむきょく》に棄権《きけん》をとどけるのを忘《わす》れた。

　このためストックホルムでは、「消えた日本人選手《せんしゅ》」として話題になった。

　四三《しそう》が負けた原因《げんいん》はいくつも考えられる。その日の暑さや、日本からの長旅のつかれ、スウェーデンでの不慣《ふな》れな生活、白夜《びゃくや》やホテルの環境《かんきょう》による寝不足《ねぶそく》も影響《えいきょう》した。舗装《ほそう》された道のかたさ、道のかたさにたえられない足袋《たび》、いやシューズの問題もある。マラソンを走ったのは、オリンピック予選会《よせんかい》1回きりだという経験不足《けいけんぶそく》もあっただろう。

　そして、旅費《りょひ》や宿泊費《しゅくはくひ》の負担《ふたん》に始まり、コーチも練習相手もいない、当時の日本のスポーツのレベルの低《ひく》さや国の支援《しえん》のたりなさも大きな問題だった。

　翌日《よくじつ》、四三《しそう》は日記に、「失敗《しっぱい》は成功《せいこう》のもと」「日本人の体力の不足《ふそく》」「恥《はじ》をすすぐために、粉《ふん》骨砕身《こっさいしん》（一生懸命《いっしょうけんめい》に努力《どりょく》して）マラソンの技《わざ》をみがき……」と書いた。４年後のオリンピックをめざす強い意志《いし》のあらわれだった。

3日後、すっかり体調を取りもどした四三《しそう》は、日本のお金を入れた小さな箱を手にして郊外《こうがい》にあるペトレ家を訪《たず》ねた。手当てをしてもらったお礼が言いたかったのだ。

7月18日、ストックホルムをはなれる前夜、四三《しそう》は三島《みしま》といっしょに嘉納《かのう》によばれた。部屋に入ると、嘉納《かのう》はお茶とお菓子《かし》をすすめながら、やさしく話してくれた。

「三島《みしま》くん、金栗《かなくり》くん。おつかれさまでした」

「先生、ふがいない成績《せいせき》で申しわけありませんでした」

「いやいや、ふたりとも落ちこんではいけない。このオリンピックに参加《さんか》して、日本のスポーツが国際的《こくさいてき》なひのき舞台《ぶたい》に第一歩をふみ出すきっかけをつくった。その意味でも、ふたりには大きなほこりをもってもらいたい」

言葉が心にしみた。

「われわれは希望《きぼう》を捨《す》ててはならない。たとえ何年、何十年かかろうとも、国際《こくさい》レベルに追いつくための努力《どりょく》をつづける必要《ひつよう》があるんだ。ふたりとも、がんばってほしい」

嘉納《かのう》に言われて、四三《しそう》がこたえた。

「死ぬ気で4年後をめざします」

6　ベルリンへの道が絶《た》たれた

7月19日、ストックホルムを出発した金栗四三《かなくりしそう》と三島弥彦《みしまやひこ》はコペンハーゲンを経《へ》てドイツのベルリンへ向かった。ここからウィーンに向かう三島《みしま》と別《わか》れて、四三《しそう》は30日朝、ロンドンに着いた。日本大使館に立《た》ち寄《よ》り、明治天皇《めいじてんのう》が亡《な》くなったことを知った。

ロンドンに滞在《たいざい》したあと、パリへ。ヨーロッパを代表するふたつの都市は、東京高等師範《しはん》学校地理歴史科《れきしか》に学び、地理と歴史《れきし》の先生をめざす四三《しそう》には最高《さいこう》の勉強の場所だ。ロンドンでは大英博物館《だいえいはくぶつかん》や国会議事堂《ぎじどう》、バッキンガム宮殿《きゅうでん》などを見学し、地下鉄におどろいた。パリではノートルダム寺院やルーブル美術館《びじゅつかん》、ベルサイユ宮殿《きゅうでん》などを訪《おとず》れ、エッフェル塔《とう》の高さに圧倒《あっとう》された。名所旧跡《めいしょきゅうせき》を実際《じっさい》に見てまわったのは、四三《しそう》の研究熱心《ねっしん》さのあらわれでもあった。

マルセイユの港から客船・宮崎丸《みやざきまる》に乗り、神戸港《こうべこう》にもどったのは9月18日。4か月ぶりの日本は、もう秋になっていた。船に乗る前、気分転換《てんかん》をかねて坊主刈《ぼうずが》りにした頭が、少しすずしく感じた。

帰国後、四三《しそう》の練習に工夫《くふう》が加《くわ》わった。

毎朝、早朝練習のあと、風呂場《ふろば》で水をかぶり、そのまま、タイルの上で足踏《あしぶ》みをつづける。

ふしぎそうに見つめる友人に言った。

「外国の舗装《ほそう》した道に慣《な》れるためだ」

放課後《ほうかご》は道路わきの電信柱《でんしんばしら》を目印《めじるし》に走った。次の柱まで全力疾走《しっそう》すると、その次の柱までは軽く流して呼吸《こきゅう》をととのえて走り、それをくり返す。いまでいう「インターバル・トレーニング」だ。

歩幅《ほはば》を広げるために、足をいっぱいに広げて柔軟体操《じゅうなんたいそう》をしたり、できるだけ速く足踏《あしぶ》みをくり返して足を速く動かす練習をしたり、さまざまな工夫《くふう》をこらした。

「おい金栗《かなくり》、だいじょうぶか？」

友人たちに聞かれるたびに言った。

「オリンピックで外国の選手《せんしゅ》に勝つためには、ふつうの練習をしていてもだめなんだ」

雨の日も、風の日も、寒い日も、たとえ体調が悪くても練習をつづけた。

ようやく熊本《くまもと》の春富村《はるとみむら》の実家にもどったのは、もうその年の暮《く》れになっていた。

ふるさとはあたたかくむかえてくれた。ただ、兄の実次《さねつぐ》は「世間さまに申しわけない」と、どなりつけた。

「あれだけみなさんの応援《おうえん》を受けながら、途中棄権《とちゅうきけん》とは何事か、なぜ最後《さいご》まで走らなかった」

四三《しそう》はレースのようすや外国人選手《せんしゅ》の体格《たいかく》、技術《ぎじゅつ》の差《さ》など、身ぶり手ぶりで兄に説明《せつめい》した。

そして、「4年後に無念《むねん》をはらす」と決意を語った。

「ほう、外国の選手《せんしゅ》はほんとにすごいんだねえ」

母が感心したように言う。そして、兄もようやく、わかってくれた。

「そうか、負けたのもしかたのないことかもしれんな。だが四三《しそう》、最後《さいご》に話した言葉は忘《わす》れるな。無念《むねん》をはらすため、努力《どりょく》するんだぞ。なあに、おれがおまえをささえてやるから」

「はい、死ぬ気でがんばります！」

1913（大正《たいしょう》2）年1月、肺《はい》を病《や》んでいた大森《おおもり》がアニー夫人《ふじん》の故郷《こきょう》、アメリカの病院で亡《な》くなった。四三《しそう》にも知らせがとどいた。悲しかった。

「オリンピックで勝つことこそ、大森《おおもり》さんにお世話になったお返しになる」と四三《しそう》はますます走ることにうちこんだ。

最上級生《さいじょうきゅうせい》となり、徒歩《とほ》部室長としてむかえた千葉《ちば》県館山《たてやま》での夏合宿。暑さのいちばんきびしい午後1時から3時までを、個人《こじん》の練習時間にあてた。帽子《ぼうし》もかぶらず、8キロを走る。何度も途中《とちゅう》でたおれ、8キロの距離《きょり》を完走《かんそう》できない。

「金栗《かなくり》、無茶《むちゃ》だ。やめたほうがいい」と、仲間《なかま》から止められた。

「ベルリンまで夏は3回しかないんだ」

そう言って四三《しそう》は、つっぱねる。意地だった。

やがて8月下旬《げじゅん》、はじめて8キロを走りぬくことができた。合宿開始から40日目だ。これが自信《じしん》になって、さらに距離《きょり》をのばしていった。

11月、陸軍戸山《りくぐんとやま》学校（東京都新宿区《しんじゅく》）で開かれた大日本体育協会主催《きょうかいしゅさい》の第1回全国陸上《りくじょう》競技《きょうぎ》大会（いまの日本陸上競技選手権《りくじょうきょうぎせんしゅけん》）では、マラソンで2時間31分28秒の世界記録《せかいきろく》を出した。しかし、公認《こうにん》コースではなかったため、記録《きろく》は認《みと》められなかった。

年が明け、最上級生《さいじょうきゅうせい》は就職《しゅうしょく》するか、学校に残《のこ》るか、決めなければならない時期が来ていた。

授業料免除《じゅぎょうりょうめんじょ》の東京高師《こうし》の学生は、教師《きょうし》になって若者《わかもの》を教えると決まっている。

そのころ、名古屋《なごや》にある愛知《あいち》県立第一中学校（いまの愛知《あいち》県立旭丘《あさひがおか》高校）の校長、日比野《ひびの》寛《ゆたか》から声をかけられた。

「金栗《かなくり》くん、私《わたし》はマラソンが大好《だいす》きだ。わが校でも生徒《せいと》に走ることをすすめているが、教えてくれる指導者《しどうしゃ》がいなくてこまっている。卒業《そつぎょう》したら、わが校に来てくれないか」

日比野《ひびの》は校長になった1899（明治《めいじ》32）年ごろから、生徒《せいと》たちの健康《けんこう》づくりのためにマラソンを授業《じゅぎょう》に取り入れていた。自分でも先頭に立って走る。「マラソン校長」といわれる名物先生だ。

四三《しそう》は誘《さそ》いはうれしかったが、気持ちはオリンピックしかない。

1914年3月上旬《じょうじゅん》、卒業《そつぎょう》予定者が講堂《こうどう》に集められ、文部省《もんぶしょう》から中学教師《きょうし》としての赴任先《ふにんさき》が発表される。ひとりひとり、赴任先《ふにんさき》が読み上げられ、四三《しそう》の番になった。

「愛知《あいち》一中」

日比野《ひびの》が直接《ちょくせつ》、文部省《もんぶしょう》とかけ合って決めてきたようだ。

オリンピックは2年後にせまっている。四三《しそう》はいまの大学院にあたる研究科に進み、マラソンの練習に集中すると決めていた。すぐに就職担当《しゅうしょくたんとう》の教師《きょうし》を訪《たず》ねて頭を下げた。

「愛知《あいち》一中への赴任《ふにん》を取り消してください」

「それはならん。4年間、国の金で東京高師《こうし》の教育を受けながら、教員になりたくないとは何事か」

その教師《きょうし》は「義務《ぎむ》だ」とはねつけた。

「日本スポーツのためです」

四三《しそう》もねばるが、取り合ってもらえない。「それならば」と四三《しそう》は、その日のうちに名古屋《なごや》に向かった。

「やあ、金栗《かなくり》くん、さっそく来てくれたか」

日比野《ひびの》は四三《しそう》がことわると思ってもいないから、きげんがいい。

「きみが来てくれればもう安心だ。ぜひ、未来《みらい》のオリンピック選手《せんしゅ》を育ててほしい」

喜《よろこ》ぶ日比野《ひびの》にことわりの言葉を言うのはつらかった。でも、言わなければならない。

「先生、申しわけありません。愛知《あいち》一中への赴任《ふにん》を取り消してください」

「なぜだ」

「あと2年、ベルリン・オリンピックが終わるまで待ってください。ストックホルムではみじめな結果《けっか》に終わりました。ベルリンでは、勝ちたいんです。いえ、日本のためにも勝たなければならないんです。嘉納《かのう》先生にも、あのとき、『死ぬ気でがんばる』と申し上げました。日比《ひび》野《の》先生、わがままだとはわかっています。しかし、あと2年、マラソンの練習にうちこませてください」

日比野《ひびの》は最初《さいしょ》はおどろいたが、四三《しそう》の気持ちをすぐに理解《りかい》してくれた。

「わかった。残念《ざんねん》だが、いま、きみがやるべきことはマラソンだ。協力《きょうりょく》をおしまないよ。2年後を楽しみにしている」

日比野《ひびの》はすぐに申請《しんせい》を取り消してくれた。翌日《よくじつ》、四三《しそう》が東京高師《こうし》校長室を訪《たず》ねていきさつを報告《ほうこく》すると、嘉納《かのう》は少し喜《よろこ》んだように見えた。

4月、研究科に進むことになった四三《しそう》にもうひとつ、大きな変化《へんか》があった。結婚《けっこん》だ。きっかけは、金栗家《かなくりけ》の遠い親戚《しんせき》にあたる池部幾江《いけべいくえ》からのお願《ねが》いだった。

「夫《おっと》に先立たれて、子どももいない。このまだと嫁《とつ》ぎ先《さき》の池部家《いけべけ》が絶《た》えてしまう。四三《しそう》に池部家《いけべけ》をついでもらえないか」という話があった。池部家《いけべけ》は小田村《おだむら》（いまの玉名《たまな》市上小田《かみおだ》）の資産家《しさんか》。兄の実次《さねつぐ》ははじめは賛成《さんせい》ではなかったが、幾江《いくえ》の強い願《ねが》いをことわりきれず、「四三《しそう》がよければ、認《みと》めよう」となった。

四三《しそう》はこのとき、オリンピックに向けた練習

▲池部家《いけべけ》家族写真（右から時計回りに四三《しそう》、養母幾江《ようぼいくえ》、妻《つま》スヤ、妻《つま》の弟）

で頭がいっぱいだった。「ずっと東京にいてもいいなら」と条件《じょうけん》を出して、兄にすべてをまかせた。

幾江《いくえ》は大喜《おおよろこ》びし、「ついでにお嫁《よめ》さんをもらってほしい」と、見合い相手まで決めてしまった。「結婚《けっこん》など、考えたこともない」という四三《しそう》だったが、兄が相手を気に入ってしまい、話はとんとんと進んだ。

東京高師《こうし》を卒業《そつぎょう》してまもなく、4月8日に春富村《はるとみむら》にもどった四三《しそう》は、翌日《よくじつ》、見合いの席《せき》にいた。相手は同じ玉名郡《たまなぐん》の石貫村《いしぬきむら》（いまは玉名《たまな》市）に住む医者の娘《むすめ》、春野《はるの》スヤである。

「いまは再来年《さらいねん》のベルリン・オリンピックに向けて一生懸命《いっしょうけんめい》、練習しています」

汗《あせ》をぬぐいながら話す四三《しそう》に、スヤは落ちついてこたえた。

「あなたの決心は、わかっているつもりです」

4月10日、ふたりは池部家《いけべけ》で結婚式《けっこんしき》をあげた。四三《しそう》が22歳《さい》、スヤは21歳《さい》だ。

結婚式《けっこんしき》はあげたけれども、四三《しそう》は東京、スヤは小田村《おだむら》と、はなればなれにくらすことになる。ふたりは、こまめに手紙をやりとりしようと約束《やくそく》した。そして四三《しそう》は「オリンピックで勝つまでは、マラソンの練習にうちこみたい」と、式から5日後にはひとりで東京に旅立った。

結婚《けっこん》して、四三《しそう》の生活は安定した。幾江《いくえ》が毎月、仕送りしてくれるようになり、研究科の学生として練習にうちこみ、後輩《こうはい》を指導《しどう》することに集中できた。マラソンの普及《ふきゅう》のため、全国の師範《しはん》学校をまわって指導《しどう》する巡回《じゅんかい》コーチをつとめることもできた。

11月、四三《しそう》は第2回全国陸上競技《りくじょうきょうぎ》大会でまた大記録《だいきろく》を出した。陸軍戸山《りくぐんとやま》学校から田無《たなし》までを往復《おうふく》する40キロのコースを2時間19分30秒で走った。あまりの速さに、四三《しそう》がもどってきたときはまだグラウンドの門が閉《し》められたままだった。

1915（大正《たいしょう》4）年も順調《じゅんちょう》に過《す》ぎた。

人の目を気にしないでマラソンの練習にうちこみたいと、それまで住んでいた茗荷谷《みょうがだに》の寄宿《きしゅく》舎《しゃ》を出て、小石川宮下町《こいしかわみやしたちょう》（いまの文京《ぶんきょう》区千石《せんごく》）に一軒家《いっけんや》を借《か》りた。ベルリン大会にそなえてパンを食べ、ベッドに寝《ね》る。ドイツ語の勉強のため、夜学にも通う生活を始めた。第3回全国陸上競技《りくじょうきょうぎ》大会で3連覇《れんぱ》、ますます強く、速くなっている。大日本体育協会《きょうかい》から功労賞《こうろうしょう》も受け、マラソン人生でもっとも充実《じゅうじつ》したときをむかえていた。

ところが、運命は皮肉だ。

1916年1月、IOC《アイオーシー》（国際《こくさい》オリンピック委員会）はヨーロッパでの戦争《せんそう》の拡大《かくだい》を理由に、ベルリン・オリンピックの中止を決めた。

「なんで……」

知らせを聞いた四三《しそう》は言葉をなくした。生活のすべてを走ることに集中し、夏や冬のすさまじい練習に耐《た》えることができたのは、ベルリン・オリンピック優勝《ゆうしょう》のため。体から力がぬけていった。2日も3日も、ぼーっと過《す》ごした。

ドイツでは、1913年までにベルリン郊外《こうがい》にオリンピック・スタジアムが完成《かんせい》、翌《よく》14年《ねん》6月には陸上競技《りくじょうきょうぎ》のオリンピック第1次予選会《よせんかい》も開かれた。

ところが、予選会開催《よせんかいかいさい》当日の6月28日、事件《じけん》はおきた。ボスニア（いまのボスニア・ヘルツェゴビナ）のサラエボを訪問中《ほうもんちゅう》のオーストリア＝ハンガリー帝国《ていこく》の皇太子《こうたいし》、フランツ・フェルディナンド大公と妃殿下《ひでんか》が、セルビアの青年に暗殺《あんさつ》された。同盟《どうめい》を組むドイツはすぐにセルビアに宣戦《せんせん》を布告《ふこく》、ヨーロッパ全体をまきこんで、アメリカや日本なども加《くわ》わり、第一次世界《せかい》大戦《たいせん》へと発展《はってん》していった。

ＩＯＣ《アイオーシー》や組織《そしき》委員会はそれでも、14年中には戦争《せんそう》は終わるだろうと準備《じゅんび》を進めていた。しかし、戦争《せんそう》は終わらなかった。

四三《しそう》は嘉納《かのう》を訪《たず》ねた。いまの気持ちを聞いてもらおうと思ったのだが、顔を見たとたん、涙《なみだ》があふれた。

「先生……」

そう言ったきり、言葉が出てこない。

「金栗《かなくり》くん、残念《ざんねん》だ。私《わたし》も悲しく、つらい。でも、ここから新しくスタートすることが、きみのつとめだ。オリンピックはまた、4年後にもある」

「ほんとうに4年後にありますか」

「ある、あるとも。戦争《せんそう》はかならず終わる。そしてIOC《アイオーシー》はかならず、オリンピックを開く」

IOC《アイオーシー》委員でもある嘉納《かのう》は、自分に言い聞かせるように話した。

「金栗《かなくり》くん、ベルリン・オリンピックという目標《もくひょう》に向かって最大《さいだい》の努力《どりょく》をはらってきたきみの行動はほこっていい。これからも気を落とさず、若《わか》い人たちの先頭に立ってがんばってほしい」

あたたかく、やさしい言葉だった。

それにしても、この大会が開かれていたなら、四三《しそう》はきっとベルリンのスタジアムに日の丸をかかげていただろう。それが残念《ざんねん》だ。

7 駅伝《えきでん》と金栗足袋《かなくりたび》

「次のオリンピックまで、まだ4年間ある。あせってもしょうがない」

次は1920年、ベルギーのアントワープ大会だ。

「自分自身をきたえることはもちろん大事だが、後輩《こうはい》たちにもマラソンやオリンピックのことを伝《つた》えていきたい」

思いつめたように走りつづけてきたが、ベルリンの夢《ゆめ》が消えて、金栗四三《かなくりしそう》は広い視野《しや》で世の中を見ようと考え直した。1916年春になっていた。

ほんとうなら日比野寛《ひびのゆたか》校長との約束《やくそく》もあり、愛知《あいち》県立第一中学校に赴任《ふにん》しなければならなかったが、また、「次のアントワープ大会をめざすためには、できるだけ東京の近くにいたい」と名古屋《なごや》行きを辞退《じたい》。かわって、四三《しそう》の後輩《こうはい》、多久儀四郎《たくぎしろう》が愛知《あいち》一中に赴任《ふにん》した。

そんなある日、ふたりの男が四三《しそう》を訪《たず》ねてきた。読売《よみうり》新聞社会部長の土岐善麿《ときぜんまろ》と社会部記者、大村幹《おおむらかん》と名のったふたりは計画を打ちあけた。

「来年は、明治天皇《めいじてんのう》が京都《きょうと》から東京にうつられて50年になります。そこで読売《よみうり》新聞社では記念《きねん》行事として、いままでとはちがった運動競技会《きょうぎかい》を計画しようと決めました。そして、どうせなら京都《きょうと》の三条《さんじょう》大橋から東京の日本橋《にほんばし》まで東海道《とうかいどう》を走ってはどうかという話になりまして……」

土岐《とき》の話を、大村《おおむら》が具体的《ぐたいてき》に四三《しそう》に伝《つた》える。

「ちょうど読売《よみうり》新聞社では、来年3月から上野《うえの》の不忍池《しのばずのいけ》で記念博覧会《きねんはくらんかい》を開きます。それと合わせて、博覧会《はくらんかい》会場をゴールにしようと決めました。三条《さんじょう》大橋から129里《り》（約《やく》516キロ）を昼も夜も休まず走る、日本ではじめて、いえ、世界でも例《れい》のないレースです」

「そこで、金栗《かなくり》さん。マラソンの第一人者であるあなたに、ぜひともご協力《きょうりょく》をお願《ねが》いしたいのです」

土岐《とき》と大村《おおむら》はそろって頭を下げた。

「おもしろい、大賛成《だいさんせい》です。ぜひ、協力《きょうりょく》させてください」

四三《しそう》も参加《さんか》して、話し合いが始まった。

「516キロを休まず走るとして、時間はどのくらいかかりますか」

大村《おおむら》が聞くと、四三《しそう》が答える。

「何区間、何人で走るか、走者の実力にもよりますが、42時間くらいではないでしょうか。交通安全とともに、走者の健康《けんこう》にも気をつかわなければなりません」

何度も話し合いがおこなわれた結果《けっか》、1917（大正《たいしょう》6）年4月27日から3日間の日程《にってい》で、516キロを23区間に分け、関東《かんとう》、中部、関西《かんさい》の3チームで争《あらそ》うと決まった。

四三《しそう》が関東《かんとう》の主将《しゅしょう》になってメンバーを選《えら》ぶ。東京高等師範《しはん》学校や第一高等学校（いまの東京大学教養《きょうよう》学部）の徒歩《とほ》部が中心だ。中部は「マラソン校長」日比野《ひびの》が監督兼選手《かんとくけんせんしゅ》で、愛知《あいち》県立第一中学校が中心。四三《しそう》の後輩《こうはい》、多久《たく》も参加《さんか》する。関西《かんさい》は真殿三三五《まとのささご》（のちに谷三三五《たにささご》としてパリ・オリンピック出場）が中心となってがんばったが、各学校《かくがっこう》の許可《きょか》がおりず、チームは編成《へんせい》できなかった。

四三《しそう》は、この記念《きねん》大会の会長を嘉納治五郎《かのうじごろう》にお願《ねが》いした。副会長《ふくかいちょう》には伊勢《いせ》（三重《みえ》県）にある神宮皇學館《じんぐうこうがくかん》館長の武田千代三郎《たけだちよさぶろう》をむかえた。武田《たけだ》が「奠都記念東海道《てんときねんとうかいどう》五十三次駅伝徒歩競走《つぎえきでんとほきょうそう》」と命名した。

「ほうっ、駅伝《えきでん》ですか。宿場駅を伝《つた》って走るという故事《こじ》にちなんだ名前がいいですね。駅伝《えきでん》という名前は、将来《しょうらい》も残《のこ》っていくと思いますよ」

四三《しそう》から名称《めいしょう》を聞いた土岐《とき》は大喜《おおよろこ》びした。

「奠都記念東海道《てんときねんとうかいどう》五十三次駅伝徒歩競走《つぎえきでんとほきょうそう》」は4月27日午後2時、京都《きょうと》の三条《さんじょう》大橋を出発した。

第1走者は関東《かんとう》が一高生の飯塚博《いいづかひろし》、中部は四三《しそう》にかわって愛知《あいち》一中の教員となった多久《たく》だ。京都《きょうと》から草津《くさつ》、水口《みなくち》、北土山《きたつちやま》、亀山《かめやま》、四日市《よっかいち》、長島《ながしま》、名古屋《なごや》、知立《ちりゅう》、藤川《ふじかわ》、豊橋《とよはし》、新居《あらい》、見附《みつけ》、掛川《かけがわ》、藤枝《ふじえだ》、静岡《しずおか》、興津《おきつ》、吉原《よしわら》、三島《みしま》、箱根《はこね》、国府津《こうづ》、藤沢《ふじさわ》、川崎《かわさき》といった22の宿場を中継《ちゅうけい》して東京にいたる。ぬいたり、ぬかれたりしたレースは、関東《かんとう》が箱根《はこね》と国府津《こうづ》の間でトップに立ち、29日午前10時5分、最終《さいしゅう》走者の四三《しそう》が川崎《かわさき》で最後《さいご》のタスキを受けた。

目を見張《みは》るようなスピードで東京に入った。品川《しながわ》を過《す》ぎると道路の両側《りょうがわ》に人があふれ、走るのも大変《たいへん》なことになった。スタートから沿道《えんどう》には見物の人たちがたくさん出て、声援《せいえん》を送っていたが、東京はさすがに特別《とくべつ》で、見物客が多い。

日本橋《にほんばし》をぬけ、人並《ひとな》みのなか、上野不忍池《うえのしのばずのいけ》に四三《しそう》がゴールしたのは、午前11時34分。3日間の合計タイムは41時間44分。上野《うえの》までやってきた数万人の観衆《かんしゅう》からいっせいに拍手《はくしゅ》と声援《せいえん》がおきた。

「金栗《かなくり》くん、いちだんと速くなったねえ」

笑顔《えがお》で握手《あくしゅ》をもとめてきたのは、外務大臣《がいむだいじん》になっていた本野一郎《もとのいちろう》だ。5年前、ストックホルムに向かう途中《とちゅう》、ロシアのサンクトペテルブルクで歓迎会《かんげいかい》を開いてくれた人だ。1時間24分後、52歳《さい》の中部最終《さいしゅう》走者、日比野《ひびの》がゴール。人々の拍手《はくしゅ》と歓声《かんせい》はさらに大きくなった。

「ばんざい、大成功《だいせいこう》だ」

土岐《とき》と大村《おおむら》は涙《なみだ》を流しながら手をにぎり合う。

「走ることで、こんなに喜《よろこ》んでもらえるなんて」

四三《しそう》は、日比野《ひびの》と笑顔《えがお》でだき合った。

四三《しそう》は自分自身と後輩《こうはい》をさらに強くするため、新しい練習方法《ほうほう》を考えた。

1917（大正《たいしょう》6）年、東海道《とうかいどう》五十三次駅伝《つぎえきでん》を終えたあと、関東《かんとう》の学生長距離選手《ちょうきょりせんしゅ》20人ほどを集めて合宿をおこない、富士山《ふじさん》を走った。御殿場口《ごてんばぐち》の旅館に泊《と》まり、毎日、富士山《ふじさん》の頂《ちょう》上《じょう》まで走る。片道約《かたみちやく》35キロ、往復約《おうふくやく》70キロの山道を上って、下る。

「長い距離《きょり》を走るためには、強い体力が必要《ひつよう》だ。それに心肺機能《しんぱいきのう》も高めなくてはいけない。それには、富士山《ふじさん》のような高所での練習が効果的《こうかてき》だ」

自分自身のマラソン経験《けいけん》、2度の富士山《ふじさん》登山から考え出した練習方法《ほうほう》は、体力強化に加《くわ》えて心肺機能《しんぱいきのう》も高めることができる。やり方はことなるが、いまでは「高地トレーニング」といわれ、マラソンの強化には欠《か》かせない練習方法《ほうほう》だ。

ただこのときは、あまりにもはげしい練習で、大半の選手《せんしゅ》は合宿の後半、足腰《あしこし》が立たなくなった。14日間1日も休まなかったのは四三《しそう》ひとりだけだった。

合宿が終わった翌日《よくじつ》の7月22日、四三《しそう》は登山口である五合目の太郎坊《たろうぼう》から頂上《ちょうじょう》まで走るマラソン競走会《きょうそうかい》を開催《かいさい》した。１９１３年に時事新報社《じじしんぽうしゃ》が主催《しゅさい》した「富士《ふじ》登山マラソン競走《きょうそう》」を復活《ふっかつ》させ、第２回大会としておこなった。

合宿に参加《さんか》していた学生は全員が参加《さんか》した。東京高師《こうし》の秋葉祐之《あきばすけゆき》が優勝《ゆうしょう》、２位《い》に早稲田《わせだ》大学の生田喜代治《いくたきよじ》が入るなど、合宿参加者《さんかしゃ》が上位《じょうい》を独占《どくせん》した。四三《しそう》は、日比野《ひびの》とふたりで審判《しんぱん》をつとめた。

１９１７（大正《たいしょう》６）年10月、四三《しそう》ははじめて就職《しゅうしょく》した。東京に近いという理由で、鎌倉《かまくら》にある神奈川師範《かながわしはん》学校（いまの横浜《よこはま》国立大学）で地理と歴史《れきし》を教えることになった。

神奈川師範《かながわしはん》では徒歩《とほ》部を指導《しどう》した。授業《じゅぎょう》を終えるとすぐ、職員室《しょくいんしつ》をとび出し、生徒《せいと》といっしょに走る。生徒《せいと》たちはオリンピック選手《せんしゅ》であり、日本一の四三《しそう》といっしょに走ることがほこらしい。初歩的《しょほてき》な練習から始めて、しだいに練習の量《りょう》を増《ふ》やしていったが、部員数は２倍、３倍と増《ふ》えた。

駅伝《えきでん》大会やマラソン大会の実現《じつげん》など活発に活動する四三《しそう》を、たのもしく見守っていたのが嘉《か》納《のう》だ。東京高師《こうし》校長として、大日本体育協会《きょうかい》会長として、さらにＩＯＣ《アイオーシー》委員としていそがしい嘉納《かのう》は、四三《しそう》をそばにおき、もっと活躍《かつやく》してもらいたいと思った。

「金栗《かなくり》くん、きみにはもっと日本のスポーツ界のためにはたらいてもらいたい。そのためには鎌倉《かまくら》はちょっと不便《ふべん》だ。どうだ、東京の学校にうつらないか」

「しかし先生、神奈川師範《かながわしはん》はまだ赴任《ふにん》したばかりです。たしかに会議《かいぎ》のたびに東京まで出てくるのは大変《たいへん》ですが、学生たちも走ることが好《す》きになってきていますし……」

「きみの気持ちはよくわかるよ。でも、日本のスポーツ界の未来《みらい》のために、きみのはたらく場所は中央でなければならないと思うのだよ」

嘉納《かのう》の強いすすめもあり、四三《しそう》はわずか半年で東京にもどった。1918年4月、東京の関《せき》口台町《ぐちだいまち》（いまの文京《ぶんきょう》区関口《せきぐち》）にある獨逸学協会《どいつがくきょうかい》中学校（いまの獨協《どっきょう》中学・高等学校）の教《きょう》師《し》となった。ここでも自分をきたえ、体育、マラソン指導《しどう》に力を入れた。


東京高師《こうし》の後輩《こうはい》、秋葉祐之《あきばすけゆき》が「お願《ねが》いがある」と四三《しそう》を訪《たず》ねてきたのは、1919（大正《たいしょう》8）年の5月のことだった。

「先生、私《わたし》も来年は卒業《そつぎょう》です。高師徒歩《こうしとほ》部に籍《せき》をおいた記念《きねん》に、この夏に持久力《じきゅうりょく》テストをやってみたいんです」

「ほう」

「下関《しものせき》から東京まで、1200キロを走ってみようと思います」

「いいねえ、挑戦《ちょうせん》するのはいいことだよ」

「それでお願《ねが》いなんですが、先生、いっしょに走っていただけないでしょうか」

四三《しそう》はこうした話が大好《だいす》きだから、もちろん引きうけた。そして、さっそく日程《にってい》とコースを考え始めた。四三《しそう》はアイデアマン。読売《よみうり》新聞社を手伝《てつだ》った「東海道《とうかいどう》五十三次駅伝《つぎえきでん》」を大成功《だいせいこう》させ、時事新報社《じじしんぽうしゃ》といっしょに「富士《ふじ》山《さん》登山マラソン」を復活《ふっかつ》させたことから、「新聞社に支《し》援《えん》してもらうのがいい」と考えた。そこで、後輩《こうはい》がいる朝日《あさひ》新聞社を訪《たず》ねて計画をうちあけ、支援《しえん》を約束《やくそく》してもらった。

7月22日午前6時、「金栗《かなくり》」「秋葉《あきば》」と大きく書いた名《な》札《ふだ》をユニホームの胸《むね》につけ、ふたりは山口《やまぐち》県下関《しものせき》を出発した。東へ向かい、広島《ひろしま》、尾道《おのみち》、岡山《おかやま》、明石《あかし》、大阪《おおさか》、

▲秋葉祐之《あきばすけゆき》（左）と四三《しそう》。写真はのちに樺太《からふと》−東京間を走ったときのもの

草津《くさつ》、亀山《かめやま》、名古屋《なごや》、豊橋《とよはし》、静岡《しずおか》、沼津《ぬまづ》、箱根《はこね》、国府津《こうづ》と通って、東京まで20日間かけて走る。長い距離《きょり》を走るから、のどがかわくし、おなかもすく。そこで、パンツの尻《しり》にポケットをつけて現金《げんきん》を入れ、途中《とちゅう》で飲み食いできるよう工夫《くふう》した。

ふたりだけのマラソン旅のはずが、広島《ひろしま》県に入ったあたりから沿道《えんどう》に人が増《ふ》えてきた。

「がんばれ、金栗《かなくり》」「負けるな、秋葉《あきば》」と声をかけてくれる。そのなかには、広島《ひろしま》県立広島《ひろしま》第一中学校に通う織田幹雄《おだみきお》もいた。

朝日《あさひ》新聞がふたりの挑戦《ちょうせん》を記事として掲載《けいさい》したため、一気に注目が集まった。ふたりといっしょに走ろうとする人があらわれ、自転車で伴走《ばんそう》する者もいる。沿道《えんどう》の村役場に建《た》てたテントでは、村長たちが待ちかまえ、マラソンの話をしてくれとたのんでくることもあった。

マラソンを普及《ふきゅう》させるねらいもあったので、かんたんにはことわれない。四三《しそう》と秋葉《あきば》は地方の人たちとふれあいながら東京をめざした。

ところが、大阪《おおさか》に着くころ、秋葉《あきば》の足首がパンパンにはれてしまった。足首をひねったうえにつかれが重なったのだ。

「秋葉《あきば》くん、無理《むり》するな。これからはおれがひとりで走る」

そういう四三《しそう》に、秋葉《あきば》は涙《なみだ》をうかべてうったえた。

「私《わたし》はそんな意気地《いくじ》なしではありません。このマラソンは私《わたし》が言い出したことですし、足が折《お》れても、走りぬきます」

秋葉《あきば》は四三《しそう》からずっとおくれ、歩いたり走ったりをくり返した。それでもやめなかった。しかし、静岡《しずおか》県の袋井《ふくろい》で予定がくずれた。夕方、先に旅館に着いた四三《しそう》は秋葉《あきば》の到着《とうちゃく》を待っていたが、深夜になってもあらわれない。やがて午前2時ごろ、電話があった。

「どうしたんだ」

「先生、申しわけありません。まだ浜松《はままつ》です」

「そうか、もう無理《むり》するな。あとはおれがひとりで走る」

翌朝《よくあさ》、四三《しそう》は「秋葉《あきば》はどうしているだろう」と思いながら、ふたたび走り始めた。

袋井《ふくろい》から静岡《しずおか》、沼津《ぬまづ》、そして箱根《はこね》をこえた。袋井《ふくろい》のできごとから4日目の夜のことだ。神奈《かな》川《がわ》県の国府津《こうづ》の旅館に着いた四三《しそう》は風呂《ふろ》と食事をすませ、そろそろ寝《ね》ようと支度《したく》をととのえていた。

すると、「金栗《かなくり》さん」と声がかかった。「なんですか」と玄関先《げんかんさき》に行くと、旅館の主人に肩《かた》をかかえられた秋葉《あきば》が立っていた。

「どうしたんだ、秋葉《あきば》」

「何度も汽車に乗ろうかと思いました。でも、あきらめきれなかったんです……」

袋井《ふくろい》から昼も夜も歩きつづけ、ようやくここまでたどり着いたという。秋葉《あきば》が泣《な》きじゃくり、四三《しそう》も涙《なみだ》がこぼれて止まらなかった。

ふたりは国府津《こうづ》からゆっくり走る、歩くをくり返しながら、8月10日午後2時、東京の皇居前《こうきょまえ》に着いた。東京高師《こうし》の先輩《せんぱい》や後輩《こうはい》に獨協《どっきょう》中学の生徒《せいと》など、多くの観衆《かんしゅう》が出むかえた。

観衆《かんしゅう》のなかに、ふたりが脱《ぬ》ぎ捨《す》てた足袋《たび》をかかえて涙《なみだ》を流す男がいた。黒坂辛作《くろさかしんさく》という。東京・大塚《おおつか》の東京高師《こうし》の近くで足袋《たび》の店を開いている播磨屋《はりまや》の主人。四三《しそう》とふたりでマラソン足袋《たび》の工夫《くふう》を重ねてきた人だ。

「もっとじょうぶな、底《そこ》のわれない足袋《たび》をつくってもらえませんか？」

ストックホルム・オリンピックからもどった四三《しそう》は、すぐに播磨屋《はりまや》を訪《たず》ねて黒坂《くろさか》にたのんで

▲東京、ゴール間ぎわの秋葉《あきば》と四三《しそう》（前列右から2番目）

いる。底《そこ》にあてる布《ぬの》を三重にしてオリンピックにのぞんだが、石畳《いしだたみ》の舗装《ほそう》で破《やぶ》れてしまった。足首までおおう足袋《たび》は、走るとき、くるぶしにからんで思うように足が動かない。

「なんとかしてもらえませんか」

「わかりました。やってみます」

職人魂《しょくにんだましい》に火がついて、黒坂《くろさか》の工夫《くふう》が始まった。まずは足首。足が動かしやすいように上の部分の布《ぬの》を足首に合わせて、くるぶしが見えるようにくりぬいた。

次は底《そこ》だ。ゴムをあてればじょうぶになる。はじめは自転車のタイヤを切ってはりつけた。しかし、タイヤは重い。

「もう少し軽くできないか」と、さがしまわった黒坂《くろさか》は、ようやく大阪《おおさか》で軽いゴムを見つけた。東京に持ち帰り、ゴムを足袋《たび》の底《そこ》に合わせて切り、ぬいつけてみた。

「いいね。これなら軽いよ」四三《しそう》が言った。「でも、ゴムの底《そこ》だと雨が降《ふ》るとすべるんだ。とくに電車通りではね」

「どうしたらいいかな」

四三《しそう》と黒坂《くろさか》は考えた。

「そうだ、底《そこ》にきざみを入れてみたらどうだろう」

ためしにナイフでゴム底《ぞこ》にきざみを入れてみたら、すべらなくなった。

「これならいい」

四三《しそう》にそう言われて、黒坂《くろさか》はさらにいくつかのゴム工場をまわって、きざみの入った特別《とくべつ》なゴム型《がた》をつくってもらった。

改良《かいりょう》された足袋《たび》をはいて四三《しそう》が走る。走ってみて、悪いところがあれば、またふたりで相談して改良《かいりょう》する。何十足、何百足もつくってはためした。そうしてできた足袋《たび》をはいて走ったのが、下関《しものせき》から東京までの、このマラソンだった。

金栗《かなくり》と秋葉《あきば》は、たった1足の足袋《たび》で20日間を走りぬいた。

「やりましたよ、黒坂《くろさか》さん」

四三《しそう》から言われて、黒坂《くろさか》の目から涙《なみだ》があふれた。

「この足袋《たび》を『金栗足袋《かなくりたび》』と名づけて売り出していいですか」

「いいですよ」

黒坂《くろさか》からたのまれて、四三《しそう》は気持ちよく答えた。この足袋《たび》を日本中に広めてもらえば、走ることがまた楽しくなる。そう思う四三《しそう》だった。

「金栗《かなくり》さんの名前をけがさないようにがんばります」と、黒坂《くろさか》が力強く話した。

この年、播磨屋《はりまや》が売り出した「金栗足袋《かなくりたび》」はとぶように売れた。黒坂《くろさか》はその後も改良《かいりょう》を重ね、足袋《たび》をとめるコハゼをやめて、甲《こう》の部分にヒモを通すように工夫《くふう》した。

この足袋《たび》は、その後、長く日本の長距離走者《ちょうきょりそうしゃ》たちに愛用《あいよう》されるのだった。

▲改良《かいりょう》が重ねられ、甲《こう》の部分がヒモになった金栗足袋《かなくりたび》

8　箱根駅伝《はこねえきでん》を考えた

「金栗《かなくり》さんががんばってくださって、マラソンの楽しさが広がってきましたね」

明治大学《めいじ》に通う沢田英一《さわだえいいち》が言った。東京高師《こうし》で講師《こうし》をする野口源三郎《のぐちげんざぶろう》がつづける。

「いまや、全国の学校で運動会やら、長距離走大会《ちょうきょりそう》やら、いろいろおこなわれている。こうやって、われわれが指導《しどう》によばれることも増《ふ》えてきたからなあ」

沢田《さわだ》と野口《のぐち》、そして金栗四三《かなくりしそう》はこの日、埼玉《さいたま》県鴻巣《こうのす》の小学校の運動会に審判《しんぱん》としてよばれた帰りだった。汽車の中で陸上競技《りくじょうきょうぎ》の未来《みらい》を語りあった。1919（大正《たいしょう》8）年も秋、10月のことだ。

沢田《さわだ》はこの年6月、同じ明治《めいじ》大学の出口林次郎《でぐちりんじろう》といっしょに札幌《さっぽろ》－東京間を22日間で走った。野口《のぐち》はマラソンから十種競技《じっしゅきょうぎ》に転向し、極東選手権競技大会《きょくとうせんしゅけんきょうぎ》で優勝《ゆうしょう》するなど陸上競技《りくじょうきょうぎ》のトップ選手《せんしゅ》になっていた。極東選手権《きょくとうせんしゅけん》は1913年に日本と中華民国《ちゅうかみんこく》（いまの中国）、フィリピンの3か国で始めた競技《きょうぎ》大会で、2年に一度、各国《かっこく》持ち回りで開催《かいさい》する。陸上競技《りくじょうきょうぎ》と競泳《きょうえい》、テニス、バスケットボールなどがおこなわれた。野口《のぐち》は1917年の第3回で優勝《ゆうしょう》している。

「たしかにマラソンは小、中学生の間でも普及《ふきゅう》してきたと思うよ。でも、まだまだ世界に通用する長距離《ちょうきょり》走者は出てきていない。長距離《ちょうきょり》走者を育てるにはどうしたらいいのか」

四三《しそう》は腕《うで》を組む。このところ、ずっと考えていることだ。ふと、早くからアメリカの練習方《ほう》法《ほう》を取り入れていた野口《のぐち》が話した。

「やっぱり経験《けいけん》だろうな。外国の選手《せんしゅ》と走る機会《きかい》があったり、外国の生活に慣《な》れたり……」

「そうか、そうだな。おれもストックホルムの経験《けいけん》からいろいろと工夫《くふう》するようになったし、ベルリンが中止になって以来《いらい》、考えていたことがあるんだ」

「夢《ゆめ》のような話だが……」と前置《まえお》きして四三《しそう》は、アメリカを横断《おうだん》する話を始めた。

「西海岸のサンフランシスコからアリゾナの砂漠《さばく》を通り、ロッキー山脈《さんみゃく》をこえて中部の農村地《ち》帯《たい》を横切り、ニューヨークまで行くんだ」

「それはおもしろい」沢田《さわだ》が大きな声をあげた。「もし、日本人がそれをやったら、世界中がおどろくだろうな。きっと、長距離走《ちょうきょりそう》に興味《きょうみ》をもつ人ももっと増《ふ》えるだろう」

「それはおどろくだろう。しかし、ひとりで走るのは無理《むり》だよ」

野口《のぐち》が冷静《れいせい》に話すと、四三《しそう》は待っていましたとばかり、自分の考えを話すのだった。

「駅伝《えきでん》だよ。ひとりでは無理《むり》だが、何十人、何百人でリレーしていけば、やれないことはないと思う。そうすれば多くの長距離《ちょうきょり》走者を育てることもできるし……」

頭の中には、東海道五十三次《とうかいどうごじゅうさんつぎ》を走った駅伝《えきでん》があった。3人はそれから、思いつくまま話し合い、「アメリカ横断駅伝《おうだんえきでん》に参加《さんか》するランナーを選《えら》ぶ国内予選会《よせんかい》も必要《ひつよう》だ」ということになった。

大きな事業を実現《じつげん》するには、資金《しきん》が必要《ひつよう》だ。四三《しそう》たちは新聞社をたよることにした。陸上競技《りくじょうきょうぎ》に理解《りかい》がある報知《ほうち》新聞社会部の寺田瑛《てらだあきら》が相談にのってくれた。3人は寺田《てらだ》といっしょに計画を練り始めた。

「コースはどうする？」

「東京から水戸《みと》はどうだ」

「日光《にっこう》と東京でもいいな」

「いや、やっぱり箱根《はこね》だ」

候補《こうほ》があがるなか、4人は「東京－箱根《はこね》間を往復《おうふく》する」と決めた。

道路事情《じじょう》がよく、平地や坂、山などコースが変化《へんか》に富《と》むこと、景色《けしき》がよく、名所や史跡《しせき》も多く別《べつ》の楽しみもあること、宿泊《しゅくはく》や休憩《きゅうけい》のできる施設《しせつ》も多く、観客《かんきゃく》にとっても距離的《きょりてき》にちょうどいいなどがその理由だ。

「もうひとつ、アメリカ横断《おうだん》ではロッキー山脈《さんみゃく》をこえる。それを箱根の山越《やまご》えで練習できる」

と四三《しそう》が言った。

東京と箱根《はこね》を2日間かけて往復《おうふく》する。途中《とちゅう》、鶴見《つるみ》、戸塚《とつか》、平塚《ひらつか》、小田原《おだわら》を中継点《ちゅうけいてん》にして5区間、往復《おうふく》10人の選手《せんしゅ》で走る。四三《しそう》が「心と体をきたえる目的《もくてき》のためには、暑い季節《きせつ》か寒い季節《きせつ》におこなうべきだ」とがんばって、「来年2月に実施《じっし》しよう」と決めた。

東京にある13の大学と専門《せんもん》学校、師範《しはん》学校にも参加《さんか》をよびかけ、各校《かくこう》の代表者に集まってもらって、「駅伝《えきでん》」を説明《せつめい》した。どの学校も「それはおもしろい」というのだが、いざ参加《さんか》となると尻《しり》ごみした。

「わが校は10人もの長距離《ちょうきょり》走者をそろえられない」

けっきょく参加《さんか》することになったのは東京高師《こうし》、早稲田《わせだ》大学、明治《めいじ》大学、慶應義塾《けいおうぎじゅく》大学の4校。一方、各大学《かくだいがく》が集まってマラソン連盟《れんめい》をつくり、運営《うんえい》していくことが決まった。

1920（大正《たいしょう》9）年2月14日午後1時、「四大学対抗駅伝《たいこうえきでん》」の第1走者が東京・有楽町《ゆうらくちょう》の報知《ほうち》新聞社前をスタートした。午後にしたのは、「学生の本分はあくまでも勉強」だからだ。選手《せんしゅ》たちはみんな、午前中に授業《じゅぎょう》を受けてから参加《さんか》した。

冬で、午後のスタートだから、小田原《おだわら》を過《す》ぎたらもうあたりは暗い。5区を走る選手《せんしゅ》たちの足もとを各校《かくこう》の伴走者《ばんそうしゃ》が懐中電灯《かいちゅうでんとう》やちょうちんで照《て》らし、ところどころで地元の人たちがたいてくれたかがり火を目標《もくひょう》とした。さらに、地元の青年団《せいねんだん》がたいまつを持っていっしょに走ってくれた。

初日《しょにち》のレースは午後8時過《す》ぎ、発案者《はつあんしゃ》のひとりでもある明治《めいじ》の沢田《さわだ》がトップでゴールした。その後、東京高師《こうし》、早稲田《わせだ》が到着《とうちゃく》、4位《い》の慶應義塾《けいおうぎじゅく》のゴールは10時近かった。「まだか、まだか」と待っていた審判役《しんぱんやく》の四三《しそう》は、「よかった」と胸《むね》をなでおろした。「大学生だから、ルール違反《いはん》はしない」と信《しん》じて、コースに監視員《かんしいん》をおかなかったから、道中のようすが気がかりだったのだ。

選手《せんしゅ》全員の無事《ぶじ》を確認《かくにん》した四三《しそう》は、翌日《よくじつ》、4校の6区選手《せんしゅ》のスタートを見とどけると、東京に急いだ。先回りして、有楽町《ゆうらくちょう》の報知《ほうち》新聞社前でゴールを待ちうけなければならない。

箱根《はこね》は雪だった。タイム差《さ》で4校がスタートし、先に行く明治《めいじ》を東京高師《こうし》が追いかける。勝負は最後《さいご》の10区まで、わからない展開《てんかい》になった。

そして、東京高師《こうし》のアンカー、茂木善作《もぎぜんさく》が最後《さいご》に明治《めいじ》を追いぬき、第1回大会の優勝《ゆうしょう》をかざった。記録《きろく》は15時間5分16秒。くやしがる明治《めいじ》とは、わずか25秒差《さ》だった。

沿道《えんどう》は予想以上《いじょう》の人出でにぎわい、運営《うんえい》もうまくいった。

「予想していた以上《いじょう》の大成功《だいせいこう》です。みなさんのおかげです」

あいさつした四三《しそう》は、初日《しょにち》に2時間近くもトップからはなされながら、最後《さいご》まで走りぬいた慶應義塾《けいおうぎじゅく》の選手《せんしゅ》たちをほめた。

「慶應義塾《けいおうぎじゅく》の奮闘《ふんとう》は、スポーツをする者の模範《もはん》です」

次の年、大会は東京農業大学、法政《ほうせい》大学、中央大学が参加《さんか》して7校に増《ふ》えた。１９５５（昭和《しょうわ》30）年からは、毎年1月2、3日に「東京箱根間往復大学駅伝競走《とうきょうはこねかんおうふくだいがくえきでんきょうそう》」としておこなわれる人気の大会に育った。「アメリカ横断駅伝《おうだんえきでん》」は「無謀《むぼう》だ」として、結局《けっきょく》おこなわれなかったが、四三《しそう》たちが目標《もくひょう》にした「世界に通用する長距離《ちょうきょり》走者」が、何十人も生まれた。

２００４（平成《へいせい》16）年からは、箱根駅伝《はこねえきでん》の大会最優秀選手《さいゆうしゅうせんしゅ》に「金栗四三杯《かなくりしそうはい》」が贈《おく》られている。四三《しそう》が１９１１年のオリンピック予選会《よせんかい》でもらった銀杯《ぎんぱい》をつくりかえたカップだ。

9 アントワープ大会を乗りこえて

第1回箱根駅伝《はこねえきでん》を成功《せいこう》させた金栗四三《かなくりしそう》は、1920（大正《たいしょう》9）年4月に開かれたアントワープ大会の予選会《よせんかい》で優勝《ゆうしょう》、2度目のオリンピック日本代表となった。

「今度こそ、期待にこたえなければ……」

5月14日、横浜港《よこはまこう》の桟橋《さんばし》は、第7回オリンピック競技《きょうぎ》大会開催地《かいさいち》のベルギー・アントワープに向かう日本選手団《せんしゅだん》を見送る人であふれていた。四三《しそう》のまわりには、「長い遠征《えんせい》になるから、迷惑《めいわく》をかけてはいけない」と、辞職《じしょく》したばかりの獨協《どっきょう》中学からかけつけた生徒《せいと》や職員《しょくいん》が輪《わ》をつくった。

「先生、がんばってください」

「吉報《きっぽう》を待っています」

笑顔《えがお》でこたえる四三《しそう》は、胸《むね》の内で静《しず》かに闘志《とうし》を燃《も》やした。

妻《つま》のスヤは数日前、アントワープ出発の支度《したく》を手伝《てつだ》うために熊本《くまもと》の小田村《おだむら》から上京してきたが、「集中したいから」と、すぐに追いかえした。「悪いことをしたな」と思ったが、オリンピックで勝つためにはしかたがない。

船は房総沖《ぼうそうおき》から太平洋《たいへいよう》へ。ハワイを経由《けいゆ》してサンフランシスコに向かう。そこで1か月ほど滞在《たいざい》して、アントワープに入る。アメリカで1か月にわたる調整をおこなうことは、選手団《せんしゅだん》長《ちょう》をつとめる嘉納治五郎《かのうじごろう》が決めた。

「若《わか》い選手《せんしゅ》たちにスポーツ王国、アメリカの状況《じょうきょう》を学んでもらい、将来《しょうらい》の日本のスポーツのために役立ててもらいたい」

「そのとおりですね」

嘉納《かのう》の話に相づちを打ちながら、四三《しそう》は8年前のことを思い出していた。

当時は、三島弥彦《みしまやひこ》とふたり、総監督《そうかんとく》の大森兵蔵《おおもりひょうぞう》、アニー夫妻《ふさい》に連《つ》れられての心細い旅だった。資金《しきん》の余裕《よゆう》もなく、シベリア鉄道では自炊《じすい》をした。ずっと座席《ざせき》にすわったままで、思うように体を動かすことさえできなかった。

「先生、日本も変《か》わりましたね」

「そうだよ。きみも私《わたし》も年をとったが、その分、やるべきこと

▲アントワープ宿舎《しゅくしゃ》の中庭で。後列左が四三《しそう》

はやってきたからね。先輩《せんぱい》として、若《わか》い選手《せんしゅ》に助言をたのむよ」

船の甲板《かんぱん》では体操《たいそう》したり、軽く走ったりできる。何より、マラソンだけでも早稲田《わせだ》大学の三《み》浦弥平《うらやへい》と東京高師《こうし》の茂木善作《もぎぜんさく》、小樽《おたる》中学（いまの北海道小樽潮陵《ほっかいどうおたるちょうりょう》高校）の八島健三《やじまけんぞう》と3人。三浦《みうら》と茂木《もぎ》、そして長距離《ちょうきょり》の東京高師《こうし》、大浦留市《おおうらとめいち》は「箱根駅伝《はこねえきでん》」を走った選手《せんしゅ》だ。彼《かれ》らが明るく語り合うようすを「いいもんだなあ」と、四三《しそう》は見つめた。

5月末《まつ》にサンフランシスコに到着《とうちゃく》した選手団《せんしゅだん》は40日あまり、アメリカ各地《かくち》でスポーツの最新《さいしん》事情《じじょう》にふれたあとニューヨークを発《た》ち、7月6日、イギリスのロンドンに着いた。四三《しそう》は横浜《よこはま》正金銀行《しょうきんぎんこう》（いまの三菱《みつびし》ＵＦＪ《ユーエフジェイ》銀行）ロンドン支店《してん》に勤務《きんむ》する三島弥彦《みしまやひこ》に会って、久《ひさ》しぶりになつかしい時間を過《す》ごした。そこから嘉納団長《かのうだんちょう》とふたり、アントワープに先乗りして、選手団《せんしゅだん》をむかえる準備《じゅんび》を進めるのだ。

練習場所に近く、静《しず》かな環境《かんきょう》の宿舎《しゅくしゃ》をさがし、窓《まど》には黒い幕《まく》を張《は》る。白夜《びゃくや》をさけるためだ。ベッドが苦手な選手《せんしゅ》のため、マットを床《ゆか》におろしてふとんのようにととのえた。日本料理《りょうり》の材料《ざいりょう》を用意し、現地《げんち》で日本料理店《りょうりてん》を営《いとな》む料理人《りょうりにん》に炊事担当《すいじたんとう》をたのんだ。すべて、ストックホルムの経験《けいけん》から学んだことだった。

10日後の8月2日に選手団《せんしゅだん》が到着《とうちゃく》、5日からは練習も始まった。四三《しそう》が三浦《みうら》たちとコースに出て走ってみると、少しひざに痛《いた》みを感じた。しかし、すぐ痛《いた》みはおさまった。

8月14日に開会式が終わり、15日から陸上競技《りくじょうきょうぎ》が始まった。マラソンは22日だ。

そのマラソンの日、アントワープは小雨《こさめ》まじりの空もようで、風も吹《ふ》いていた。

「暑いよりはいいよ」

そう言ってはみたが、強がりだったかもしれない。

スタートは午後4時。暑さを考えた時間設定《せってい》だが、寒い。雨も降《ふ》りつづいている。

やはり、ヨーロッパやアメリカの選手《せんしゅ》は速いスタートだ。「寒さに気をつけろ」と後輩《こうはい》たちに指示《しじ》をして、四三《しそう》は先頭集団《しゅうだん》を追いかけた。折《お》り返《かえ》し地点では25位《い》。後半追い上げるスタイルの四三《しそう》にはいいペースだ。少しずつ順位《じゅんい》を上げて、30キロ付近《ふきん》では5位《い》まで上がった。

「よし、この調子で」

自分で自分に言い聞かせ、35キロ近くでは4位《い》の背中《せなか》もとらえた。

「さあ、行くぞ」

スピードを上げようと思ったとたん、左の足首に痛《いた》みを感じた。かまわずに走るが、痛《いた》みは、ふくらはぎ、太ももとしだいに上がってくる。38キロ手前、ももが硬直《こうちょく》して動かなくなった。

「またか……」

情《なさ》けなさがこみあげる。歩き、立ち止まり、走り、歩く。ぬいてきた選手《せんしゅ》たちにぬき返された。雨はまだ、降《ふ》りつづいていた。

足が痛《いた》み、引きずりながらゴールした。2時間48分45秒。優勝《ゆうしょう》したフィンランドのコーレマイネンから16分37秒おくれの16位《い》、また「夢《ゆめ》」の実現《じつげん》はならなかった。日本勢《ぜい》は茂木《もぎ》が20位《い》、八島《やしま》21位《い》、三浦《みうら》24位《い》。寒さに負けた。

「あれだけ努力《どりょく》を重ねてきたのに、なぜ……」

肩《かた》を落とした。

「オリンピックに出場するのは、きっとこれが最後《さいご》だな。けっきょく、メダルには手がとどかなかった……」

アントワープからの帰り、四三《しそう》は三浦《みうら》たちとベルリンに行った。4年前、マラソン人生の頂点《ちょうてん》となるはずだったベルリンのオリンピック・スタジアムが見たかった。

そこで見たものとは……。

第一次世界大戦《せかいたいせん》に敗《やぶ》れたドイツ・ベルリンの街《まち》は暗く、ものはなく、人々はどこかみじめだろうと思っていた。ところが、いつもの年と同じように紅葉《こうよう》した木々にかこまれたスタジアムでは運動会が開かれていて、子どもたちが声をあげて笑顔《えがお》で走ったり跳《と》んだりしているではないか。あたりを見回すと、歓声《かんせい》をあげて、サッカーを楽しむ子どもたちのすがたもあった。

それればかりではない。スタジアムの周辺《しゅうへん》の広場や公園では、女性《じょせい》たちもいっしょになってスポーツを楽しんでいる。新しい発見だった。

「そうか、ものはなくても、スポーツは人の心を楽しませてくれる。あの女性《じょせい》たちを見れば、スポーツが生活に根づいていることがわかる」

四三《しそう》は思うのだった。

「落ちこんでなんかいられない。日本に帰ったら、スポーツの楽しさをもっともっと広めなくては……」


日本にもどった四三《しそう》は、ますますスポーツを広めるよう、とくに女性《じょせい》がスポーツに参加《さんか》できるよう活動しはじめた。後押《あとお》ししたのは、東京高等師範《しはん》学校校長で四三《しそう》の恩師《おんし》、嘉納治五郎《かのうじごろう》だ。

柔道《じゅうどう》の創始者《そうししゃ》であり、柔道《じゅうどう》を教える道場として講道館《こうどうかん》をつくった嘉納《かのう》は、1926（大正《たいしょう》15）年に講道館《こうどうかん》に女子部をつくるのだが、すでに1893（明治《めいじ》26）年には女性《じょせい》の門下生を受け入れていた。文明開化とはいっても、女性《じょせい》が自転車に乗ったり、足を見せたりすることさえためらわれた時代に、女性《じょせい》も柔道《じゅうどう》をやっていたのだ。その嘉納《かのう》のすすめで、1921（大正《たいしょう》10）年、東京府《ふ》女子師範《しはん》学校（いまの東京学芸《がくげい》大学）で教えることになった。

「女子スポーツの普及《ふきゅう》こそ、国じゅうを明るくします。オリンピックには女子の競技《きょうぎ》もありますから」

四三《しそう》は東京府《ふ》女子師範《しはん》の高橋清一《たかはしせいいち》校長に話した。

当時の日本では、女子がスポーツをすることに反対する声も少なくなかった。しかし、高橋《たかはし》校長も女子スポーツの理解者《りかいしゃ》だった。「女子ものびのびとスポーツを楽しむ時代を一日も早くつくりたい」とこたえて、四三《しそう》を応援《おうえん》した。

四三《しそう》は、女子学生にスポーツの指導《しどう》を始めた。すぐにテニス部をつくった。それはストックホルム・オリンピックで観戦《かんせん》した女子テニスの試合《しあい》の影響《えいきょう》だった。

「女子にスポーツを広めるためには、関心《かんしん》をもってもらうことが大事だ」

1921年10月31日、時事新報社《じじしんぽうしゃ》に協力《きょうりょく》してもらい、小石川区竹早町《こいしかわくたけはやちょう》（いまの文京区《ぶんきょうく》小石《こいし》川《かわ》）の東京府《ふ》女子師範《しはん》のコートで、第1回女子テニス大会を開いた。

四三《しそう》は東京市内の女学校をまわって参加者《さんかしゃ》を集めた。ところが、各学校《かくがっこう》の校長はみんな反対するのだ。日頃《ひごろ》、女子の教育には熱心《ねっしん》だといわれていた校長も、「女子に勝ち負けの意識《いしき》をうえつけたら、お嫁《よめ》さんになってから、旦那《だんな》さんに対抗意識《たいこういしき》を燃《も》やすかもしれない」と言って尻《しり》ごみしてしまった。

「なんだ、あの人は。日頃《ひごろ》、進歩的《しんぽてき》なことを言っているのに、いざ何かしようとすると、こんなありさまだ」

そこで四三《しそう》たちは、どうしたらいいか対策《たいさく》を考えた。すると、だれかが「テニスをやられている皇族《こうぞく》の女王さまでもいらっしゃってくれればいいなあ」とぽつんと言った。すぐに「それだ」となって、女子学習院《がくしゅういん》で体育を教えていた東京高師《こうし》の先輩《せんぱい》を通して、皇族《こうぞく》の女王殿下《でんか》にお出ましをお願《ねが》いした。大会当日、各宮家《かくみやけ》から女王殿下《でんか》が何人もいらっしゃって試合《しあい》をご覧《らん》になり、大きな話題となった。

こうした流れをみて、四三《しそう》は翌年《よくねん》、女子陸上競技《りくじょうきょうぎ》の大会も開催《かいさい》した。

また、同じ年、四三《しそう》は福島県須賀川町《ふくしますかがわまち》（いまの須賀川市《すかがわ》）で「マラソンと体育」という講演《こうえん》をおこなった。2年前、この町で開かれたマラソン大会で、レース中に選手《せんしゅ》が死亡《しぼう》するという事件《じけん》がおきたからだ。

「マラソンは危険《きけん》だ」

「長距離《ちょうきょり》は走らないほうがいい」

小、中学校の教師《きょうし》など、指導者《しどうしゃ》たちからそんな声が上がった。せっかく広がってきたマラソンへの興味《きょうみ》が、しぼんでしまうかもしれない。

「何とかしなければならない」

四三《しそう》はそう考えて、講演《こうえん》を引きうけたのだった。

「正しい知識《ちしき》をもって、正しい練習をすればマラソンは危険《きけん》ではありません。体づくり、健康《けんこう》のためにもいいものです」

講演《こうえん》では「女性《じょせい》がスポーツすることは大事だ」とも話した。

「私《わたし》がオリンピックで身にしみて感じたのは、ヨーロッパ諸国《しょこく》の人々とくらべて、日本人の体力がおとっていることです。その解決《かいけつ》には女性《じょせい》が運動することが必要《ひつよう》です」

ストックホルムやアントワープのオリンピックで見たテニスや水泳のようす、ベルリンで見た女性《じょせい》たちの楽しそうなようすを話すと、参加者《さんかしゃ》の目が輝《かがや》いた。四三《しそう》は、「小学校や女学校でもっとスポーツをやりましょう」と強くよびかけた。

四三《しそう》たちのようなオリンピックに出場した選手《せんしゅ》は、日本各地《かくち》の都市で開かれる講習会《こうしゅうかい》で子どもたちへの指導《しどう》もおこなった。多くの子どもたちにスポーツに親しんでもらうことはもちろん、将来《しょうらい》のオリンピック選手《せんしゅ》を見つけて、育てることも目的《もくてき》のひとつだ。

そして、こうした講習会《こうしゅうかい》から、のちに日本人初《にほんじんはつ》の金メダリストとなる人物が育っていった。織田幹雄《おだみきお》だ。

織田《おだ》はアントワープ・オリンピックがあった1920（大正《たいしょう》9）年の12月、広島市《ひろしま》にある広島師範《ひろしましはん》学校でおこなわれた陸上競技《りくじょうきょうぎ》の講習会《こうしゅうかい》に参加《さんか》した。当時、広島《ひろしま》県立広島《ひろしま》第一中学校（いまの県立広島国泰寺《ひろしまこくたいじ》高校）3年生だった織田《おだ》は、体育教官《きょうかん》の宇佐美兵太郎《うさみへいたろう》にすすめられての参加《さんか》だった。

講師《こうし》は四三《しそう》の後輩《こうはい》で、友人でもある野口源三郎《のぐちげんざぶろう》だ。野口《のぐち》は十種競技《じっしゅきょうぎ》の代表として、四三《しそう》とともにアントワープ大会に出場していた。そのオリンピックでの経験《けいけん》を話し、実技《じつぎ》も直接指導《ちょくせつしどう》してくれるというので、広島《ひろしま》じゅうの中学校から、優秀《ゆうしゅう》な中学生選手《せんしゅ》が集まった。

そのころ織田《おだ》はサッカー部員だった。身長1メートル55センチ。背《せ》は低《ひく》かったが、すばしっこくてジャンプ力があり、足はめっぽう速かった。そこで、宇佐美《うさみ》が「ものはためし」と参加《さんか》させたのだ。

5日間の講習会《こうしゅうかい》で、織田《おだ》ははじめて陸上競技《りくじょうきょうぎ》という言葉を知った。そして、ただ走るだけでなく、いろいろな種目《しゅもく》があることも知った。

最終日《さいしゅうび》の記録会《きろくかい》のとき、織田《おだ》は走《はし》り高跳《たかと》びで自分の身長をこえる1メートル57センチに上がったバーを跳《と》びこえた。

「小さいのによく跳《と》ぶなあ。きみは練習すれば、きっと日本代表になれるぞ」

野口《のぐち》にほめられて、織田《おだ》はうれしかった。うれしくなって、陸上競技《りくじょうきょうぎ》の記録《きろく》や歴史《れきし》を調べたりして、ひとりで短距離《たんきょり》や走《はし》り高跳《たかと》び、走《はし》り幅跳《はばと》びの練習を始めた。教科書は野口《のぐち》が話したことをメモとして記録《きろく》した自作の「原点ノート」と、野口《のぐち》がアメリカの指導法《しどうほう》をもとに解説《かいせつ》した陸上競技《りくじょうきょうぎ》の入門書だった。

そして、翌《よく》21年4月、新しく広島《ひろしま》一中に徒歩《とほ》部ができると、織田《おだ》はまようことなく入部した。サッカーに未練《みれん》もあったが、走《はし》り高跳《たかと》びの魅力《みりょく》のほうがまさっていた。

10 四三《しそう》と織田《おだ》のパリ・オリンピック

「何がおきたんだ」

突然《とつぜん》、体が投げ出された。まるで天と地がひっくり返ったようだ。1923（大正《たいしょう》12）年9月1日午前11時58分、東京ははげしい地震《じしん》に見舞《みま》われた。

相模湾《さがみわん》を震源地《しんげんち》とする関東大震災《かんとうだいしんさい》だ。マグニチュード7・9、東京や横浜《よこはま》など日本の中心部が大きな被害《ひがい》を受けた。東京では7万人をこえる人が亡《な》くなり、20万5000戸《こ》以上《いじょう》の住宅《じゅうたく》に被害《ひがい》が出た。首都圏《しゅとけん》全体では10万5000人以上《いじょう》の死者、37万戸《こ》の被害《ひがい》だ。

勤務先《きんむさき》の東京府《ふ》女子師範《しはん》は被害《ひがい》をまぬがれたが、金栗四三《かなくりしそう》は学校に避難《ひなん》してくる人たちの世話に追われた。しばらくして、東京市の職員《しょくいん》が世話のために来ると暇《ひま》になり、弟子《でし》の宮原治《みやはらおさむ》を連《つ》れて、すっかりようすが変《か》わってしまった東京の町を歩いてみた。そして、食料《しょくりょう》の調達《ちょうたつ》をかねて郊外《こうがい》の農村まで走ったり歩いたりしながら、体力づくりをつづけていた。

恩師《おんし》である嘉納治五郎《かのうじごろう》を訪《たず》ねては話しこんだりもした。

「金栗《かなくり》くん、だいじょうぶだったかい？」

「嘉納《かのう》先生、私《わたし》はだいじょうぶです。練習もつづけています。でもこのままでは、パリ大会への出場はむりでしょうか？」

「岸《きし》会長ががんばっているから、だいじょうぶだと思うよ」

そんな四三《しそう》に、「オリンピックの予選会《よせんかい》をやる」との連絡《れんらく》がとどいたのは、10月のことだった。大日本体育協会《きょうかい》第2代会長の岸清一《きしせいいち》ががんばり、「来年のパリ・オリンピックに選手《せんしゅ》を送る」と決めたのだった。


1924年4月12、13日、オリンピック第2次予選《よせん》が東京帝国《ていこく》大学（いまの東京大学）駒場《こまば》グラウンドで開かれた。

「なんだか、アントワープのような天気だなあ」

四三《しそう》は、マラソンに出場した。33歳《さい》になったいま、練習はつづけてはいたが、もう後輩《こうはい》の指《し》導《どう》が中心だ。「伴走《ばんそう》のつもりで出てください」とたのまれて出場した。

門下生に「寒さに気をつけろ」と注意をあたえながら走っていると、期待していた選手《せんしゅ》が次々とペースを落としていく。

「先生、ぼくにかまわず行ってください」

門下生に言われて、四三《しそう》はスピードを上げていくと、ゴールまであと1キロの地点でトップにたった。そのままゴールすると、2時間36分。思いがけない優勝《ゆうしょう》だった。

13日の夜、代表選手《せんしゅ》が発表された。マラソンでは優勝《ゆうしょう》した四三《しそう》と3位《い》に入った中央大学の田《た》代菊之助《しろきくのすけ》、そしてベルリンにいる三浦弥平《みうらやへい》が代表に選《えら》ばれた。2位《い》の選手《せんしゅ》は「実績《じっせき》がない」と落とされた。

跳躍《ちょうやく》の代表には、織田幹雄《おだみきお》が選《えら》ばれた。織田《おだ》は、雨上がりのやわらかいグラウンドコンディションと寒さに調子をくるわせ、走《はし》り高跳《たかと》びと走《はし》り幅跳《はばと》びに優勝《ゆうしょう》したものの、記録《きろく》は悪く、三《さん》段跳《だんと》びは13メートル26で、13メートル40を跳《と》んだ北海道《ほっかいどう》の私立北海中学《しりつほっかい》（いまの北海《ほっかい》高校）の南部忠平《なんぶちゅうへい》に負けてしまった。しかし、織田《おだ》に勝った南部《なんぶ》は「まだ実績《じっせき》がたりない」と落とされたのだ。

パリ大会は関東大震災《かんとうだいしんさい》の翌年《よくねん》だったため、「少数精鋭《しょうすうせいえい》」で参加《さんか》することになり、陸上競技《りくじょうきょうぎ》、競泳《きょうえい》、テニスとレスリングの4競技《きょうぎ》から、全部で19人の選手《せんしゅ》が選《えら》ばれた。陸上《りくじょう》ではベルリンの三浦《みうら》のほか、ロンドン大使館に勤務《きんむ》する岡崎勝男《おかざきかつお》が長距離《ちょうきょり》の代表となった。また、レスリングの代表はアメリカのペンシルベニア大学に留学中《りゅうがくちゅう》の内藤克俊《ないとうかつとし》だ。内藤《ないとう》はペンシルベニア大学レスリング部の主将《しゅしょう》で、全米学生チャンピオンとなっていた。パリには、アメリカ選手団《せんしゅだん》といっしょにやってきて、フリースタイル・フェザー級で銅《どう》メダルを獲得《かくとく》した。

4月26日、日本選手団《せんしゅだん》は東京を出発し、神戸《こうべ》でマルセイユ行きの客船・香取丸《かとりまる》に乗りこんだ。香取丸《かとりまる》では甲板《かんぱん》で体をほぐすことができた。途中《とちゅう》の上海《シャンハイ》、香港《ホンコン》、シンガポールなどでは下船し、陸《りく》の上で体を動かすことができるのがうれしい。

「嘉納《かのう》先生や岸《きし》会長のおかげで、いいコンディションづくりができるんだぞ」

四三《しそう》は若《わか》い織田《おだ》たちに話した。地中海《ちちゅうかい》を航行《こうこう》しているときは暑くて大変《たいへん》だったが、四三《しそう》はいままで以上《いじょう》にリラックスしていた。

マルセイユから夜行列車に乗り、6月7日にパリに入った。この大会から用意されたパリ郊《こう》外《がい》の選手村《せんしゅむら》に入村すると、なつかしい顔が待っていた。

「金栗《かなくり》さん、4年ぶりです」

前回アントワープ大会代表で、そのままベルリンに居着《いつ》いて武者修行《むしゃしゅぎょう》していた三浦弥平《みうらやへい》だ。

「三浦《みうら》さん、よくやったなあ。またいっしょに走れるとは思ってもいなかった。ほんとうによくがんばったなあ」

そう言う四三《しそう》の手を、三浦《みうら》は何度もにぎった。

「こまったとき、何度も金を送ってくれて……。ほんとうにありがとうございます。おかげで、がんばることができました」

三浦《みうら》の顔にはしわがきざまれ、着ているスーツはよれよれだった。

「きみがアントワープからの帰り、ベルリンに残《のこ》ると言い出したときはほんとうにおどろいたよ。4年間、どうやってくらしていたの」

「若《わか》かったんですね、この体さえあれば何でもできると思っていましたから。ベルリン大学やドイツ体育大学で勉強しながらはたらいたりもしましたが、金栗《かなくり》さんが送ってくださったお金がなかったらどうなっていたか。ほんとうにうれしかった、何とお礼を言ったらいいか……」

「苦労《くろう》したんだな」あらためて、四三《しそう》は思った。

そんな四三《しそう》のもとに連日《れんじつ》、東京府《ふ》女子師範《しはん》の学生たちから激励《げきれい》の電報《でんぽう》がとどいた。「われらのパパ、しっかり」と書かれていた。

はじめての長い船旅で、ホームシックにかかった織田《おだ》は、大先輩《だいせんぱい》の四三《しそう》にはげまされて、パリに着いたときには元気を取りもどしていた。織田《おだ》は、はじめはほかの国の選手《せんしゅ》のことが気になり、スポーツ雑誌《ざっし》を買って辞書《じしょ》をひいて読んでいた。そのうち、自転車を手に入れて、セーヌ川のほとりの選手村《せんしゅむら》を出てパリの街中《まちなか》を走るようになった。

「織田《おだ》くん、自転車で練習かい」

マラソンの練習に出かける四三《しそう》が聞いた。

「ええ、朝の練習がちょっとたりないので、自転車で走ってみようと思いまして……」

「気分転換《てんかん》にいいかもしれんな」

四三《しそう》の言葉を背中《せなか》に受けて、織田《おだ》はペダルをこいだ。自転車に乗ったパリの人たちといっしょに走るのが楽しみになった。夕方には散歩《さんぽ》をかねて、選手村《せんしゅむら》でも同室の納戸《のと》徳重《とくしげ》といっしょに買い物に出かけ、買ってきたサクランボを食べながら歩いたりした。四三《しそう》がはじめてオリンピックに出たストックホルムでは考えもできなかった日々だ。

そのうち、織田《おだ》はオリンピックのことが気にならなくなり、「この大会では外国人選手《せんしゅ》から練習方法《ほうほう》やフォームを学んで帰ろう」と思うようになった。

開会式の翌日《よくじつ》、7月7日にまず織田《おだ》の走り高跳《たかと》びがおこなわれた。緊張《きんちょう》しなかったことがよかったのだろう、1メートル80までは順調《じゅんちょう》に跳《と》んだ。

ところが、夕立が来て、競技《きょうぎ》は一時中断《ちゅうだん》。再開《さいかい》されたあと、1メートル83を失敗《しっぱい》した。これが予選通過《よせんつうか》の高さとなり、決勝に残《のこ》ることはできなかった。

「雨さえ降《ふ》らなければ……」

織田《おだ》は唇《くちびる》をかんだ。

9日におこなわれた走《はし》り幅跳《はばと》びは、6メートル83に終わった。予選通過《よせんつうか》は6メートル88。跳《と》べない距離《きょり》ではなかった。

「オリンピックはやはり、特別《とくべつ》の雰囲気《ふんいき》がありますね」

オリンピックがはじめての織田《おだ》は、四三《しそう》に思いを打ちあけた。

「そうだろう、織田《おだ》くん。私《わたし》も3回目だが、やはり、この雰囲気《ふんいき》は特別《とくべつ》だと思ってしまう。ともかく、思いきって跳《と》ぶことだよ」

三段跳《さんだんと》びは12日。織田《おだ》は四三《しそう》のアドバイスを受けて、1回目から勝負に出た。十分な助走から思いきり地面をける。14メートル35。日本新記録《しんきろく》が生まれた。観客席《かんきゃくせき》の日本チームから「よーしっ」と声があがった。このとき、利《き》き足《あし》の左足かかとを痛《いた》めて、記録《きろく》はその後のびなかったが、6位《い》に入った。日本陸上界初《りくじょうかいはつ》のオリンピックでの入賞《にゅうしょう》だった。

「やったな、織田《おだ》くん！　よし、織田《おだ》くんにつづこう」

次の日は、いよいよマラソンだ。

「きっと、今回が最後《さいご》のオリンピックになるだろう。悔《く》いのないようにがんばらなければ」

四三《しそう》は、心にちかった。

13日は、12年前のストックホルムを思わせる暑い日になった。スタート時間は午後3時から5時に延期《えんき》された。少しでも気温が下がるのを待つためだ。

四三《しそう》はスタートから積極的《せっきょくてき》に前に出た。前2回の失敗《しっぱい》から、スピードについて行かなければだめだと考えたのだ。

「金栗《かなくり》先生、いい感じだ。がんばれ！」

織田《おだ》は選手団《せんしゅだん》の仲間《なかま》と声援《せいえん》を送った。

「いい調子だ。上位《じょうい》でもどってくるかもしれない」

まわりの人にそう耳打ちした。

ところが、待っても待っても、四三《しそう》はもどってこない。

「どうしたんだろう」

首をかしげた。

▲パリの街中《まちなか》を激走《げきそう》する四三《しそう》

四三《しそう》はそのとき、暑さと予想以上《いじょう》の速い展開《てんかい》がたたり、苦しんでいた。折《お》り返《かえ》しを終えたあと、32キロあたりで意識《いしき》がうすれて、走ることをやめた。田代《たしろ》も三浦《みうら》も途中棄権《とちゅうきけん》した。世界のレベルは予想以上《いじょう》に上がっていた。

結局《けっきょく》、3度のオリンピックは、一度も思いどおりに走れないまま終わった。オリンピックは4年に一度、そこにタイミングを合わせるむずかしさを身をもって知った四三《しそう》は、レース後、第一線からの引退《いんたい》を決めた。

そして、四三《しそう》は織田《おだ》に言った。

「織田《おだ》くん、がんばってくれ。あとはきみたちにたくしたぞ。ぜひ、金メダルをとってくれ」

日本に帰ると、四三《しそう》は、後輩《こうはい》を育てることにますます力を入れた。

11 アムステルダムで織田《おだ》が金メダル

パリからもどった金栗四三《かなくりしそう》は東京府女子師範《ふしはん》学校に加《くわ》えて、となりにある東京府立《ふりつ》第二高等女学校（いまの都立竹早《たけはや》高校）でも教え始めた。競技《きょうぎ》生活からしりぞき、すっかり、〝女子スポーツの金栗《かなくり》〟として教育界の中心人物になっていた。

スポーツの大会があると、有名人の四三《しそう》は引っぱり出された。「マラソンの金栗《かなくり》」の顔が、こうした機会《きかい》には役に立つのだ。

1924（大正《たいしょう》13）年の第1回明治神宮競技《めいじじんぐうきょうぎ》大会では世話役となって、大会の事務局《じむきょく》で活躍《かつやく》した。大会会場は、恩師《おんし》の嘉納治五郎《かのうじごろう》に連《つ》れられて建設《けんせつ》場所を選《えら》んだ明治神宮外苑競技場《めいじじんぐうがいえんきょうぎじょう》。そこで開かれる初《はつ》の全国規模《きぼ》の総合《そうごう》体育大会だ。

1927（昭和《しょうわ》2）年8月、上海《シャンハイ》で開かれた第8回極東選手権《きょくとうせんしゅけん》で、四三《しそう》は陸上競技《りくじょうきょうぎ》の総監督《そうかんとく》となった。主将《しゅしょう》はあの織田幹雄《おだみきお》である。

「織田《おだ》くん、調子はどうだ」

「ええ、今年《ことし》に入ってから記録《きろく》がのびていますから、思いきり跳《と》んでやりますよ」

パリ大会のあと、早稲田《わせだ》大学に進んだ織田《おだ》は少し記録《きろく》がのびなやみ、限界説《げんかいせつ》まで出ていた。しかし、アムステルダム・オリンピックが1年後にせまると、調子を取りもどし、走《はし》り高跳《たかと》びで1メートル92、走《はし》り幅跳《はばと》びは7メートル37・7、三段跳《さんだんと》びで14メートル90と日本記録《きろく》をぬりかえていた。

「織田《おだ》くんの大ジャンプで日本選手団《せんしゅだん》を調子づけて、アムステルダムにつなげてほしい」

総監督《そうかんとく》の四三《しそう》から言われて、織田《おだ》もはりきらざるを得《え》ない。三段跳《さんだんと》びで15メートル35・5を跳《と》んでみごと優勝《ゆうしょう》した。

織田《おだ》は翌年《よくねん》5月の日本選手権《せんしゅけんけん》兼オリンピック予選《よせん》でも15メートル41まで記録《きろく》をのばして優《ゆう》勝《しょう》し、文句《もんく》なしで代表に選《えら》ばれた。

「がんばってこいよ、オリンピック」

四三《しそう》は、オリンピックでの金メダルという自分の夢《ゆめ》を、織田《おだ》にたくすのだった。

7月、日本選手団《せんしゅだん》はオランダに入ると、アムステルダムの北にあるザンダムのホテルに宿泊《しゅくはく》した。農村の静《しず》かな町に東洋人はめずらしい。すぐに50人ほどの人たちが毎日、見物にやってきた。そのほとんどが子どもたちだ。英語《えいご》とオランダ語の辞書《じしょ》を片手《かたて》に言葉をかわす。そのうち、短距離選手《たんきょりせんしゅ》でピアノが上手《じょうず》な相沢巖夫《あいざわいわお》がおもしろい提案《ていあん》をした。

「おい、子どもたちに日本の歌を教えてやらないか」

「いいな、いいな」

織田《おだ》はすぐに賛成《さんせい》して、相沢《あいざわ》に聞いた。

「曲はなにがいいかな」

「単純《たんじゅん》なのがいいな。おぼえやすいから。そうだ、『うさぎとかめ』なんてどうだ」

「それがいい」となって、相沢《あいざわ》がピアノをひいて「もしもし、かめよ」と歌い出した。音楽が好《す》きな土地で、どの家にもピアノがある。あっという間に、町中で「うさぎとかめ」の大合唱《だいがっしょう》がおきた。

織田《おだ》にはそれがよかった。小さな町での子どもたちとの交流、ともすれば緊張《きんちょう》しがちな心がゆるみ、生活にメリハリができた。午前中は子どもたちと遊び、午後はしっかり練習に集中した。４年前のパリで四三《しそう》に教わった気分転換《てんかん》ができていた。

三段跳《さんだんと》びは大会６日目、８月２日におこなわれる。空はからりと晴れていた。

「体の調子はいい。うまくいけそうだ」

朝起きたら、そんな予感がした。車でアムステルダムに向かう。すべてが予定通り、順調《じゅんちょう》に運んだ。竹内広三郎《たけのうちひろさぶろう》監督《かんとく》が言った。

「今日《きょう》は、きっといい結果《けっか》になるにちがいない」

大会2日目の走《はし》り高跳《たかと》びでは決勝に進んだけれども、1メートル91が跳《と》べずに入賞《にゅうしょう》をのがした。4日目の走《はし》り幅跳《はばと》びは、試合《しあい》前の練習が思うようにできず、冷《ひ》えた体のまま跳《と》んで、7メートル11止まり。決勝に進めなかった。

「あまりにも跳《と》ぼう、跳《と》ぼうという意識《いしき》が強すぎて、自分の調子で跳《と》ぶことを忘《わす》れていた」

三段跳《さんだんと》びは、その反省《はんせい》からリラックスを心がけた。

1回目、15メートル13を跳《と》んだ。これで落ちついた。2回目、踏《ふ》み切《き》りがぴたりと合って、15メートル21に記録《きろく》がのびた。

「調子はいい。いけるぞ」

3回目、世界記録《きろく》の15メートル52を破《やぶ》ってやろうと意気ごんだ。これがよくなかった。思いきりホップ（はじめのジャンプ）をのばしたところ、着地でかかとを痛《いた》めてしまった。しかも、ファウルだ。

「これはまずい」と思ったが、ライバルたちも記録《きろく》をのばしていない。最大《さいだい》のライバル、オランダのピータースは地元の応援《おうえん》で力が入りすぎたのか、14メートル50が最高《さいこう》でなんと予選《よせん》落ち。気がつけば、予選《よせん》で15メートルをこえたのは、15メートル1を跳《と》んだ南部忠平《なんぶちゅうへい》とふたりだけだった。

決勝の記録《きろく》はのびなかった。痛《いた》めたかかとの影響《えいきょう》だろう。しかし、ほかの国の選手《せんしゅ》たちも記《き》録《ろく》はのびない。アメリカの実力者、ケーシーが15メートル17、ツーロスが15メートル11を出しただけ。だれも織田《おだ》の15メートル21にはとどかなかった。

「やった、金メダルだ！」

優勝《ゆうしょう》した織田《おだ》はいまとちがって、ひとりで、グラウンドのまん中に立った。やがて国歌が流れ、国旗《こっき》が掲揚《けいよう》される。「君《きみ》が代《よ》」は「千代《ちよ》に八千代《やちよ》に」から始まり、かかげられた日の丸は2位《い》、3位《い》の国旗《こっき》の4倍はあった。

織田《おだ》の優勝《ゆうしょう》が決まる前、女子800メートルで日本人女子選手《せんしゅ》として初《はつ》のメダル、銀メダルを獲得《かくとく》した人見絹枝《ひとみきぬえ》が、「織田《おだ》さんが優勝《ゆうしょう》したら、これで体をつつんであげて」と、南部《なんぶ》にわたした旗《はた》だった。それを南部《なんぶ》がまちがえて掲揚台《けいようだい》の係員にさし出したのだという。舞台裏《ぶたいうら》は大さわぎだったが、それがオリンピックで日本人の金メダル第1号が誕生《たんじょう》した瞬間《しゅんかん》だった。

織田《おだ》は大きな国旗《こっき》を見ながら、ぽろぽろぽろぽろ、涙《なみだ》をこぼした。

「やっと、長い間の努力《どりょく》がむくわれた」

そう思いながらひるがえる日の丸を見ていた。


新聞の号外が出るなど、「織田《おだ》、金メダル」のニュースは、日本中をかけめぐった。

「そうか、あの織田《おだ》くんがやってくれたか」

四三《しそう》はうれしかった。ついに悲願《ひがん》の日本人オリンピック金メダリストが誕生《たんじょう》した。自分がオリンピック出場第1号となってから16年。4年前のパリ行きの船で緊張《きんちょう》した表情《ひょうじょう》であいさつしていた、あの織田《おだ》が成《な》しとげたことがうれしかった。

「マラソンでも、4位《い》に山田兼松《やまだかねまつ》、6位《い》に津田晴一郎《つだせいいちろう》が入賞《にゅうしょう》した。日本人選手《せんしゅ》も世界のレベルに追いついてきたぞ」

マラソンでも、選手《せんしゅ》強化がようやく実を結《むす》んだ。ふたりが、四三《しそう》と黒坂《くろさか》とで苦心してつくった金栗足袋《かなくりたび》をはいていたこともうれしい。

「日本はこれから、もっともっと、スポーツがさかんになっていくだろう」

四三《しそう》は、そう思うのだった。

ところで、ここまで「三段跳《さんだんと》び」と書いてきたが、その言葉は織田《おだ》が訳《やく》した言葉だ。それまでは「ホップ・ステップ・アンド・ジャンプ」を略《りゃく》して、「ホ・ス・ジャンプ」とよばれたり、書かれたりしていた。しかし、1927年の極東選手権《きょくとうせんしゅけん》で織田《おだ》が世界記録《きろく》にせまる記録《きろく》を出したことがきっかけとなり、ふさわしい日本名でよぼうという話になった。そして、当時、関東《かんとう》学生陸上競技連盟《りくじょうきょうぎれんめい》の技術《ぎじゅつ》委員だった織田《おだ》が〝命名役〟に選《えら》ばれた。

織田《おだ》は世界中のよび方を調べてみた。すると、どの国でも「三」という文字がついていた。「三回跳《と》び」「三段跳《さんだんと》び」のふた通りの案《あん》を考え、連盟《れんめい》の役員会にはかったところ、「三段跳《さんだんと》びのほうがいい」となったわけだ。

そして1年後、オリンピックで織田《おだ》みずからが優勝《ゆうしょう》をかざる。それ以来《いらい》、「三段跳《さんだんと》び」が広まり、定着していった。

日本は、つづく1932年ロサンゼルス大会で南部忠平《なんぶちゅうへい》が15メートル72の世界新記録《しんきろく》で優《ゆう》勝《しょう》、さらに36年ベルリン大会では田島直人《たじまなおと》が16メートル00の世界新記録《しんきろく》で優勝《ゆうしょう》。オリンピック3連覇《れんぱ》をはたして、三段跳《さんだんと》びは日本の「お家芸《いえげい》」といわれるようになった。

12　熊本《くまもと》にもどる

「アニ、キトク。スグ、カエレ」

金栗四三《かなくりしそう》が至急電報《しきゅうでんぽう》を受けとったのは、講演先《こうえんさき》の秋田《あきた》だった。1929（昭和《しょうわ》4）年9月のことだ。

東京府《ふ》女子師範《しはん》学校（いまの東京学芸《がくげい》大学）は、高橋《たかはし》校長のあとをついだ校長がスポーツぎらいで意見が対立したことから、その年の春で辞《や》めていた。嘉納治五郎《かのうじごろう》にたのまれ、東京女子高等師範《しはん》学校（いまのお茶《ちゃ》の水《みず》女子大学）の講師《こうし》となったが、四三《しそう》はスポーツ、マラソン界の指導者《しどうしゃ》として、全国で講演《こうえん》と実技指導《じつぎしどう》をしていた。

「兄《にい》さんが、危篤《きとく》……。すぐにもどらなければ」

四三《しそう》は秋田《あきた》から汽車を乗りついで熊本《くまもと》に急いだ。

「兄《にい》さん、だいじょうぶか」

声をかけながら実家の玄関《げんかん》を開《あ》けたが、もう、兄実次《さねつぐ》の元気な声は返ってこなかった。急《きゅう》性肺炎《せいはいえん》だった。玉名《たまな》中学にあがるころから、早く亡《な》くなった父にかわり、一家の柱となって面《めん》

倒《どう》をみつづけてくれた兄である。もし、兄がいなければ上級の学校にも進めず、「マラソンの金栗《かなくり》」となることはできなかった。

四三《しそう》は兄の遺体《いたい》に取りすがって泣《な》いた。涙《なみだ》があふれて止まらない。

「今度はおれが恩返《おんがえ》ししなければ……」

四三《しそう》の胸《むね》にそんな思いがわいてくるのだった。夫婦《ふうふ》で養子《ようし》に入った小田村《おだむら》の池部家《いけべけ》にも、ごぶさたばかりしている。養母《ようぼ》の幾江《いくえ》にも親孝行《おやこうこう》しなければと思う。

1931（昭和《しょうわ》6）年3月、年度がわりに合わせて、東京女高師《こうし》を辞職《じしょく》した。東京の自宅《じたく》を処分《しょぶん》し、家族をつれて朝鮮《ちょうせん》、満州《まんしゅう》（中国東北部）を旅したあと、7月、一家で小田村《おだむら》の池部家《いけべけ》にもどった。

ひさしぶりにのんびりした日々、だが、まわりはそっとしておいてはくれない。「校長になってほしい」という手紙が全国の学校から山のようにとどいた。しかし、それらはことわり、「熊本《くまもと》でスポーツ熱《ねつ》を高めてやろう」と活動しはじめた。

ふたたび走りはじめたのは、東京高師《こうし》の後輩《こうはい》で熊本《くまもと》の第五高等学校（いまの熊本《くまもと》大学）の教官《きょうかん》になっていた栗本義彦《くりもとよしひこ》（のち日本体育大学学長）の誘《さそ》いで、九州一周《きゅうしゅういっしゅう》を試《こころ》みてからだ。8月、20日間かけて九州《きゅうしゅう》を走ってまわった。各地《かくち》で新聞に大きく掲載《けいさい》されて、沿道《えんどう》には多くの観衆《かんしゅう》がくり出して、にぎやかに応援《おうえん》してくれた。

「やっぱり、走るのはいいなあ。気持ちが晴れやかになる」

「そうでしょう、先輩《せんぱい》。これからはいっしょにいろいろ活動してください」

四三《しそう》はつかれをとると、近くの小田《おだ》小学校に出かけ、放課後《ほうかご》に子どもたちといっしょに走った。歩かせることから始め、少しずつ距離《きょり》をのばしていく。ひと月もすると、教師《きょうし》たちもいっしょに走るようになっていた。

次は玉名郡《たまなぐん》の各小学校《かくしょうがっこう》をまわる。その次には中学校や青年団《せいねんだん》の若者《わかもの》たちを「いっしょに走ろう」とさそった。みんな、四三《しそう》のことを郷里《きょうり》の偉人《いじん》と知っているから、いっしょに走ることがほこらしく、楽しくてならない。その後は県内の学校だ。熊本《くまもと》のマラソン熱《ねつ》がもり上がっていくと、さらに栗本《くりもと》といっしょにテニスや卓球《たっきゅう》なども教えてまわった。

もちろん、講演《こうえん》や実技指導《じつぎしどう》の依頼《いらい》があれば、全国どこへでも出かける。いそがしい日々を過《す》ごしていた四三《しそう》に、「東京にもどれ」と言ってきた人がいた。

恩師《おんし》、嘉納治五郎《かのうじごろう》だ。

「金栗《かなくり》くん、待ちかねていたよ。1940年のオリンピックの東京開催《かいさい》が決まった。きみは日本でオリンピックにはじめて参加《さんか》した人だ。その情熱《じょうねつ》も人一倍だと知っている。どうか、国家の大事業の準備《じゅんび》にきみの力をかしてほしい」

嘉納《かのう》らしい、熱《あつ》い言葉で書かれた速達便《そくたつびん》に、「もう熊本《くまもと》をはなれない」と決めていた心がゆれた。１９３６（昭和《しょうわ》11）年12月のことだ。四三《しそう》は45歳《さい》になっていた。

「嘉納《かのう》先生から、上京をさそう手紙がとどきました」

養母《ようぼ》の幾江《いくえ》と妻《つま》のスヤに話をすると、ふたりはその場で賛成《さんせい》してくれた。

「四三《しそう》さん、あなたにとってオリンピックは精魂《せいこん》をかたむけるべき仕事です。東京に行って精《せい》いっぱいはたらいてきてください。私《わたし》の心配はいりません」

幾江《いくえ》がそう言うと、スヤもつづいた。

「お母《かあ》さまから、私《わたし》もいっしょに行って、お国のためにはたらくあなたをささえてあげなさいと言われました。子どものことがありますので、すぐに上京はできませんが、あとからすぐに追いかけます」

四三《しそう》は手紙をもらうとすぐに上京した。目白《めじろ》の鬼子母神《きしぼじん》の近くに後輩《こうはい》たちが家を見つけてくれていた。嘉納《かのう》にあいさつに行くと、「よく出てきてくれたね」と喜《よろこ》んでくれた。やがて、家族も上京し、新しい生活が始まった。

１９３７年４月からは体育教育に熱心《ねっしん》な十文字《じゅうもんじ》高等女学校（いまの十文字《じゅうもんじ》学園）の教員とな

り、学校で教えるかたわら、大日本体育協会《きょうかい》に通った。

しかし、そんな生活は長くはつづかなかった。この年7月に始まった日本軍《ぐん》と中国軍《ぐん》による戦火《せんか》が広がり、東京オリンピックの行方《ゆくえ》がわからなくなっていった。

1938（昭和《しょうわ》13）年5月4日、衝撃《しょうげき》がおきた。IOC《アイオーシー》カイロ総会《そうかい》に出席《しゅっせき》した嘉納治五郎《かのうじごろう》が日本に帰ってくる途中《とちゅう》、シアトルから横浜《よこはま》に向かう客船・氷川丸《ひかわまる》で、帰らぬ人となったのだ。77歳《さい》。風邪《かぜ》をこじらせ、急性肺炎《きゅうせいはいえん》にかかったことが原因《げんいん》だった。四三《しそう》にとっては、兄の実次《さねつぐ》とは別《べつ》の意味での心のささえがぽっきりと折《お》れた。

「嘉納《かのう》先生がいなくなったら、東京オリンピックはどうなってしまうんだ……」

心配したとおり、嘉納《かのう》の死をきっかけとして、この年7月16日、政府《せいふ》の意向をうけた組織《そしき》委員会は「東京オリンピックの返上」を決めた。

四三《しそう》は、1916年にベルリン大会が第一次世界大戦《せかいたいせん》で中止されたときのことを思い出した。いままた後輩《こうはい》たちが同じ悲劇《ひげき》に直面している。四三《しそう》は後輩《こうはい》たちのために泣《な》いた。

13 東京オリンピックのマラソンで待望《たいぼう》のメダル

「これでまた、オリンピックが開かれるだろう」

1945（昭和《しょうわ》20）年8月15日、金栗四三《かなくりしそう》は第二次世界大戦《せかいたいせん》の終戦《しゅうせん》を熊本県《くまもとけん》の小田村《おだむら》でむかえた。8年間、長くつづいた戦火《せんか》はスポーツの形を変《か》えてしまった。

「スポーツは戦争《せんそう》にふりまわされてはいけない。スポーツは楽しくなければ、意味がない」54歳《さい》になっていた四三《しそう》は、スポーツの再興《さいこう》に最後《さいご》の力をふりしぼるつもりでいた。

翌《よく》46年1月、四三《しそう》のもとに連絡《れんらく》がとどいた。「いっしょに県の体育会を復活《ふっかつ》させよう」というよびかけだった。3月には熊本《くまもと》に住んでいるスポーツ仲間《なかま》が集まり、「新しい組織《そしき》のもとで再出発《さいしゅっぱつ》しよう」と話し合いをした。そして4月、戦前《せんぜん》の熊本《くまもと》体育会を熊本県《くまもとけん》体育協会《きょうかい》と変《か》え、新しい組織《そしき》が発足《ほっそく》した。会長は、四三《しそう》だ。

「引き受けたからには、きちんとやらなければ」

まじめな性格《せいかく》の四三《しそう》は、毎日のように腰《こし》に握《にぎ》り飯《めし》をくくりつけ、小田村《おだむら》の自宅《じたく》から高瀬《たかせ》（いまの玉名《たまな》）駅までおよそ8キロを歩き、満員《まんいん》電車にゆられて熊本《くまもと》に出勤《しゅっきん》する。体はきついが、スポーツにかかわれることがうれしかった。

熊本県体協《くまもとけんたいきょう》はこの年の秋、第1回熊本県民《くまもとけんみん》体育祭を開いた。1か所に集まって競《きそ》うのではない。市町村ごとに運動会をいっせいに開くだけなのだが、それでも同じ日の同じ時間に運動するというのは意識《いしき》を変《か》えるものだ。この後、熊本《くまもと》県内の市町村には、それぞれの地区に体育協会《きょうかい》がつくられた。これは全国でも特別《とくべつ》の速さだった。

「みんなスポーツがしたいんだ。その環境《かんきょう》をととのえていくのが体協《たいきょう》の仕事だ」

四三《しそう》は先頭に立って動いた。


日本陸上競技連盟《りくじょうきょうぎれんめい》も1945（昭和《しょうわ》20）年11月には、戦争《せんそう》で中断《ちゅうだん》されていた組織《そしき》を復活《ふっかつ》させようと準備《じゅんび》を始めていた。日本は第二次世界大戦《せかいたいせん》の責任《せきにん》を問われて、国際《こくさい》大会への参加《さんか》がまだ認《みと》められていない。

そんななか、1947年には日本陸上競技連盟《りくじょうきょうぎれんめい》と朝日《あさひ》新聞社が共催《きょうさい》して、熊本《くまもと》で「第1回金栗賞朝日《かなくりしょうあさひ》マラソン」が開かれた。第2回以降《いこう》、高松《たかまつ》、静岡《しずおか》など各地《かくち》で開かれ、第9回から朝《あさ》日国際《ひこくさい》マラソンと名を変《か》え、第11回からは開催地《かいさいち》を福岡《ふくおか》に固定《こてい》し、「福岡国際《ふくおかこくさい》マラソン」に育っていった。

1950年、日本陸連《りくれん》は、ふたたび国際陸上競技連《こくさいりくじょうきょうぎれん》盟《めい》に加《くわ》われるようになり、晴れて国際舞台《こくさいぶたい》にもどり、世界を相手にたたかえるようになった。オリンピックへの復帰《ふっき》はまだ認《みと》められてはいなかったが、51年、インドのニューデリーで開かれた第1回アジア大会に参加《さんか》した。大会は食糧事情《しょくりょうじじょう》が悪く、選手《せんしゅ》たちは食べることにも苦《く》労《ろう》した。そんななかで代表34選手《せんしゅ》は33種目《しゅもく》中、じつに20種目《しゅもく》で優勝《ゆうしょう》した。

日本の陸上選手《りくじょうせんしゅ》が国際舞台《こくさいぶたい》への復帰《ふっき》をはたした1950年、四三《しそう》が中心になってつくられたのが、「オリンピック・マラソンに優勝《ゆうしょう》する会」だ。会長の四三《しそう》はボストンマラソンを主催《しゅさい》するボストン体育協会《きょうかい》会長に手紙を出した。「日本選手《せんしゅ》を参加《さんか》させてほしい」と。すると、こう返事が返ってきた。

「スポーツの世界に国境《こっきょう》なし。歓迎《かんげい》する」

さっそく、51年2月、選手選考《せんしゅせんこう》レースを開き、戦後《せんご》の日本最高記録《さいこうきろく》である2時間28分16秒で

▲福岡国際《ふくおかこくさい》マラソンにて。選手《せんしゅ》を見守る帽子姿《ぼうしすがた》の四三《しそう》（左）

優勝《ゆうしょう》した田中茂樹《たなかしげき》ら4人を送ることにした。ところが、資金《しきん》がない。会長である四三《しそう》は、日本陸連《りくれん》をはじめ、いろいろな人たちに寄付《きふ》をもとめて50万円の費用《ひよう》をつくり、選手《せんしゅ》を送り出した。そして金栗足袋《かなくりたび》をはいた18歳《さい》の田中《たなか》が見事、2時間27分45秒の好記録《こうきろく》で優勝《ゆうしょう》した。被爆地《ひばくち》の広島《ひろしま》生まれの田中《たなか》は「アトミックボーイ」とよばれ、話題になった。

そうなると、参加《さんか》が許《ゆる》された1952（昭和《しょうわ》27）年のヘルシンキ・オリンピックが楽しみになった。陸上競技《りくじょうきょうぎ》の監督《かんとく》は織田幹雄《おだみきお》だ。しかし、マラソンの代表3選手《せんしゅ》のうち、西田勝雄《にしだかつお》が25位《い》、山田敬蔵《やまだけいぞう》は26位《い》とふるわなかった。

「オリンピックは特別《とくべつ》な舞台《ぶたい》だ」と話していた四三《しそう》の言葉どおりの結果《けっか》だったが、日本陸連《りくれん》はこの成績不振《せいせきふしん》を理由に、翌年《よくねん》のボストンマラソンへの参加《さんか》を取りやめると言ってきた。

四三《しそう》はおこった。

「冗談《じょうだん》じゃない。失敗《しっぱい》したときにこそ、次を考えて、若《わか》い選手《せんしゅ》に経験《けいけん》をつませなければならないのだ」

そう主張《しゅちょう》し、反対をおし切り、日本マラソン連盟《れんめい》として選手《せんしゅ》を送ることを決めた。費用《ひよう》は独自《どくじ》につくらなければならない。このとき四三《しそう》は60歳《さい》。また苦労《くろう》を背負《せお》いこむことになったが、そうした苦労《くろう》こそ自分の役目だと思っていた。

選考《せんこう》レースの結果《けっか》、西田《にしだ》や山田《やまだ》ら5選手《せんしゅ》を送ることが決まった。ところが、監督《かんとく》のなり手がいない。みんな批判《ひはん》をおそれて引き受けてくれないのだ。

「わかった。私《わたし》が行く」

四三《しそう》が監督《かんとく》として5人を引率《いんそつ》することになった。

「お父《とう》さん、だいじょうぶですか」

妻《つま》のスヤが心配して聞いてくる。

「なあに、これが最後《さいご》のおつとめ。昔の経験《けいけん》があるから何とかなるさ」

安心させるように言ったが、大変《たいへん》だった。このころは、滞在費《たいざいひ》を用意するために、日本円をドルにかえることもかんたんにはいかなかった。現地《げんち》での選手《せんしゅ》たちの宿泊先《しゅくはくさき》も見つけなくてはならない。

周囲《しゅうい》のおかげで、現地《げんち》では、日本人の家に泊《と》まれることになり、食事の心配もなくなった。それでも最上《さいじょう》のコンディションをつくってやらなければと、四三《しそう》は夜中も選手《せんしゅ》たちの部屋をのぞいては、はだけた毛布《もうふ》をかけてやったりした。

2年前、田中が優勝《ゆうしょう》したことで日本選手《せんしゅ》の評判《ひょうばん》は悪くない。歓迎《かんげい》ぜめに、ぎゃくに悲鳴をあげる毎日だ。四三《しそう》は「こうしたことも日本代表としてのつとめだ」とすすんで出席《しゅっせき》し、交流につとめた。もちろん、練習ではコーチ役として細かいところまで気をつかった。

１９５３（昭和《しょうわ》28）年4月19日、第57回ボストンマラソン。優勝《ゆうしょう》したのは山田敬蔵《やまだけいぞう》だ。43キロと体重の軽い山田《やまだ》は、レース前の測定《そくてい》で「体重が軽すぎる」と出場辞退《じたい》に追いこまれそうになった。

「この男はヘルシンキ・オリンピックにも出場しているベテランだ。43キロの体重はベストの状態《じょうたい》だ」

四三《しそう》が説明《せつめい》し、ようやく出場が認《みと》められたのだ。

ボストンマラソンの名所は32キロから34キロ地点までつづく「心臓破《しんぞうやぶ》りの丘《おか》」。上ったあとは一気に下る。ここでスピードに乗るかどうかで、勝負が決まる。小柄《こがら》な山田《やまだ》は3人でつくった先頭集団《しゅうだん》で坂を上ると、下りで一気にスパートした。そして、そのまま先頭でゴール。2時間18分51秒、すばらしい世界最高記録《せかいさいこうきろく》だ。その山田の足もとは金栗足袋《かなくりたび》から生まれた「カナグリシューズ」につつまれていた。幅広《はばひろ》の日本人の足にあわせて工夫《くふう》されたシューズだった。

「ありがとう、ありがとう」

山田《やまだ》にかけ寄《よ》った四三《しそう》はただ、「ありがとう」をくり返した。涙《なみだ》を流して喜《よろこ》ぶ。四三《しそう》にとって、体の小さい山田《やまだ》のレースは自分が走っているレースと同じだ。国際《こくさい》大会でくやしい思いばかりしてきた四三《しそう》はうれしかった。だからこその「ありがとう」なのだ。

１９６４（昭和《しょうわ》39）年、オリンピックの聖火《せいか》が東京にともった。アジアではじめて開かれたスポーツの祭典《さいてん》。大会の華《はな》といわれたマラソンで3位《い》に入り、国立競技《きょうぎじょう》場に日の丸をかかげたのは円谷幸吉《つぶらやこうきち》だ。

円谷《つぶらや》は、１９２１年に四三《しそう》が講演《こうえん》した福島《ふくしま》県須賀川《すかがわ》市（当時は須賀川町《すかがわまち》）出身。講演《こうえん》は聞いていたはずもないが、四三《しそう》のマラソン人生を追った本『走れ二十五万キロ　マラソンの父　金《かな》栗四三伝《くりしそうでん》』を読んだのがきっかけでマラソンをこころざした。

「金栗《かなくり》先生は若《わか》いころ、よく走られました。雨の日も風の日も、暑い日も寒い日も、もくもくと走って精神力《せいしんりょく》を養《やしな》われました。苦しいときはいつも、『走れ二十五万キロ』を思い出すようにしています」

円谷《つぶらや》の言葉には、四三《しそう》へのあこがれがつまっていた。その円谷《つぶらや》が、自分が成《な》しとげられなかった偉業《いぎょう》をはたした。四三《しそう》は思わずつぶやいた。

「嘉納《かのう》先生、東京にマラソンで日の丸があがりましたよ」

エピローグ

第一線からしりぞき、熊本《くまもと》で静《しず》かにくらす金栗《かなくり》四三《しそう》に、とびっきりのプレゼントがあった。東京オリンピックから3年後、1967（昭和《しょうわ》42）年3月、スウェーデンのオリンピック委員会から「1912年の第5回ストックホルム・オリンピックの55周年記念式典《しゅうねんきねんしきてん》に招待《しょうたい》したい」という手紙がとどいたのだ。

55年前、四三《しそう》は26キロ過《す》ぎで意識《いしき》を失《うしな》い、近くのペトレ家で手当てを受けたあと、ホテルに直接《ちょくせつ》もどってしまい、棄権《きけん》をとどけていなかった。招待状《しょうたいじょう》にはこうあった。

「あなたは1912年7月14日午後1時30分にストックホルムのオリンピック・スタジアムをスタートして以来《いらい》、何の届《とど》けもなく、いまだにどこかを走りつづけていると思われる。スウェーデン・オリンピック委員会はあなたに、第5回オリンピック大会マラソン競技《きょうぎ》の完走《かんそう》を要請《ようせい》する」

75歳《さい》になっていた四三《しそう》は、喜《よろこ》んでこの要請《ようせい》（お願《ねが》い）に応《おう》じた。3月20日の記念式典初日《きねんしきてんしょにち》、ストックホルム郊外《こうがい》のペトレ家に行き、そこで手当てをしてくれたペトレさんの息子《むすこ》とその家族にていねいにお礼を言った。そこで、あの日のようにお菓子《かし》とお茶をごちそうになり、しばらく語り合ったのち、なつかしいオリンピック・スタジアムに行った。

スタジアムではコート姿《すがた》に革靴《かわぐつ》のままトラックにおり立つと、10メートルほど走ってゴールテープを切った。その瞬間《しゅんかん》、場内にアナウンスが流れた。

「日本の金栗四三《かなくりしそう》選手《せんしゅ》、ただいまゴールインしました。タイムは54年8か月6日5時間32分20秒3。これをもちまして、第5回ストックホルム・オリンピックの全日程《ぜんにってい》を終了《しゅうりょう》します」

スタンドから大きな拍手《はくしゅ》がわきおこり、記者たちのインタビューに四三《しそう》はこうこたえた。

「長い道のりでした。この間に嫁《よめ》をもらい、6人の子どもと10人の孫《まご》ができました」

ユーモアたっぷりのコメントに、場内はふたたび大きな拍手《はくしゅ》と高らかな笑《わら》い声《ごえ》につつまれた。

四三《しそう》にとって、最高《さいこう》の瞬間《しゅんかん》だった。

1983年11月13日、走りつづけた長距離《ちょうきょり》走者、「日本マラソンの父」金栗四三《かなくりしそう》は92歳《さい》で人生のゴールをむかえた。

「体力、気力、努力《どりょく》」

後輩《こうはい》たちに残《のこ》した言葉そのものの、見事な「マラソン人生」だった。

▲55 年の時をへて、ストックホルムの地でゴールテープを切った 75 歳《さい》の四三《しそう》

巻末資料

金栗四三《かなくりしそう》

金栗四三と関係の深い人びと

嘉納治五郎《かのうじごろう》（1860〜1938年）

現在《げんざい》の兵庫《ひょうご》県神戸《こうべ》市出身。講《こう》道館《どうかん》柔道《じゅうどう》の創始者《そうししゃ》、教育者。

日本古来の柔術《じゅうじゅつ》を教育の道としての柔道《じゅうどう》まで高め、「講道《こうどう》館《かん》」を設立《せつりつ》した。また、東京高等師範《しはん》学校（現《げん》・筑波《つくば》大学）などで校長をつとめて、明治《めいじ》時代に日本の教育やスポーツの発展《はってん》につくした。

1909年、アジア初《はつ》のIOC《アイオーシー》（国際《こくさい》オリンピック委員会）委員となり、12年のストックホルム・オリンピックに、四三《しそう》と三島弥彦《みしまやひこ》を出場させ、日本のオリンピック参加《さんか》を実現《じつげん》した。さらに、1940年の東京オリンピック招致《しょうち》活動の中心となって活動し、オリンピックの招致《しょうち》に成功《せいこう》した。しかし、38年に嘉納《かのう》が亡《な》くなると、東京が大会開催権《かいさいけん》返上を発表。幻《まぼろし》のオリンピックとなった。

織田幹雄《おだみきお》（1905〜1998年）

広島《ひろしま》県海田町《かいたちょう》出身。6人兄弟の3番目として生まれた。体が小さくやせていたが、じょうぶで、学校の成績《せいせき》もよかった。

陸上《りくじょう》の三段跳《さんだんと》びで頭角をあらわし、1924年のパリ・オリンピックでは日本陸上界《りくじょうかい》で史《し》上初《じょうはつ》の6位《い》入賞《にゅうしょう》、28年のアムステルダム・オリンピックでは日本人初《はつ》の金メダルを獲得《かくとく》した。旧国立競《きゅうこくりつきょう》技場《ぎじょう》の第4コーナー付近《ふきん》には、織田《おだ》が金メダルを獲得《かくとく》したときの記録《きろく》15メートル21と同じ高さの、通称《つうしょう》「織田《おだ》ポール」が建《た》てられた。64年の東京オリンピックでは、陸上《りくじょう》日本代表チームの総監督《そうかんとく》をつとめた。76年には、IOC《アイオーシー》から「オリンピック功労賞《こうろうしょう》」を授与《じゅよ》されている。朝日《あさひ》新聞運動部長、早稲田《わせだ》大学教授《きょうじゅ》もつとめた。

大森兵蔵《おおもりひょうぞう》（1876～1913年）

岡山《おかやま》県出身。1901年、アメリカにわたり、国際《こくさい》YMCA《ワイエムシーエー》トレーニングスクールに入学、07年に卒業《そつぎょう》した。08年に帰国して日本女子大学講《こう》師《し》となり、YMCA《ワイエムシーエー》の協力《きょうりょく》を得《え》て民《みん》間《かん》のボランティア団体《だんたい》をつくった。日本にはじめてバスケットボールやバレーボールを紹《しょう》介《かい》。1913年、肺結核《はいけっかく》のため亡《な》くなった。

大森安仁子《おおもりあにこ》（1857～1941年）

アメリカのミネソタ州出身。英語《えいご》名《めい》はアニー・シェプリー。1907年、留学中《りゅうがくちゅう》の大森兵蔵《おおもりひょうぞう》と結婚《けっこん》し、翌年《よくねん》来日。兵蔵《ひょうぞう》とともに、恵《めぐ》まれない子どもたちのために、有隣園《ゆうりんえん》という施設《しせつ》をつくった。兵蔵《ひょうぞう》の死後も、長年園長をつとめた。また、日本の古典《こてん》に関心《かんしん》をもち、『更級《さらしな》日記』や『紫《むらさき》式部《しきぶ》日記』などを英訳《えいやく》してアメリカに紹介《しょうかい》した。

三島弥彦《みしまやひこ》（1886～1954年）

東京都千代田《ちよだ》区出身。子爵《ししゃく》の家柄《いえがら》で、スポーツ万能《ばんのう》、学習院《がくしゅういん》から東京帝国《ていこく》大学に進学し、学業も優秀《ゆうしゅう》だった。1912年ストックホルム・オリンピックに短距離走《たんきょりそう》で出場。日本人初《はつ》のオリンピック選手《せんしゅ》となった。四三《しそう》や嘉納《かのう》と、次のベルリン大会での雪辱《せつじょく》をちかったが、帝大卒業《ていだいそつぎょう》後は兄のいる銀行に入り、金融業界《きんゆうぎょうかい》で働《はたら》いた。

野口源三郎《のぐちげんざぶろう》（1888～1967年）

埼玉《さいたま》県深谷《ふかや》市出身。埼玉《さいたま》師《し》範《はん》学校（現《げん》・埼玉《さいたま》大学）を経《へ》て、東京高等師範《しはん》学校へ入学。校長だった嘉納治《かのうじ》五郎《ごろう》に認《みと》められ、陸上競技《りくじょうきょうぎ》に専念《せんねん》した。1920年のアントワープ・オリンピックでは入場式で旗手《きしゅ》をつとめ、十種競技《じっしゅきょうぎ》に出場し、12位《い》。埼玉《さいたま》県初《はつ》のオリンピック選手《せんしゅ》となった。日本のスポーツ理論《りろん》を発展《はってん》させた。

金栗実次《かなくりさねつぐ》（1876〜1929年）

四三《しそう》の兄。金栗家《かなくりけ》の長男で、体の弱い父信彦《のぶひこ》のかわりに、金栗家《かなくりけ》の家計をささえ、3人の弟と4人の妹を育てあげた。弟思いで、とくに四三《しそう》をとても大切にした。実次《さねつぐ》は尋常《じんじょう》小学校にしか行っておらず、役場に勤務《きんむ》しながら、農業をして、四三《しそう》をささえつづけた。1929年9月2日、急性肺炎《きゅうせいはいえん》で亡《な》くなった。

池部《いけべ》スヤ（1892〜1991年）

四三《しそう》の妻《つま》。熊本《くまもと》県玉名郡《たまなぐん》（現《げん》・玉名《たまな》市）の医師《いし》の娘《むすめ》。旧姓《きゅうせい》・春野《はるの》。1914年4月、池部《いけべ》家の養子《ようし》になることになった四三《しそう》と見合いをし、その翌日結婚式《よくじつけっこんしき》をあげた。四三《しそう》のマラソンへの情熱《じょうねつ》を理解《りかい》し、オリンピックをめざす四三《しそう》を生涯《しょうがい》ささえつづけた。四三《しそう》との間には、6人の子どもがいる。

黒坂辛作《くろさかしんさく》（1881〜?年）

兵庫《ひょうご》県姫路《ひめじ》市出身。21歳《さい》のときに上京し、文京《ぶんきょう》区大塚《おおつか》に「播《はり》磨《ま》屋《や》足《た》袋《び》店」をかまえた。30代のとき、東京高師《こうし》の学生だった四三《しそう》と出会い、金栗足袋《かなくりたび》を製作《せいさく》。その後、日本ではじめてのランニングシューズである「カナグリシューズ」をつくった。

当時、日本にはスポーツシューズはなく、運動のときはふつうの足袋《たび》をはいていた。ストックホルム・オリンピックに出場する四三《しそう》にたのまれ、黒坂《くろさか》は、底《そこ》を三重にした「マラソン足袋《たび》」をつくったが、ストックホルムの道路では耐《た》えられなかった。その後、二人三脚《ににんさんきゃく》で改良《かいりょう》を重ね、1919年、ゴム底《ぞこ》の足袋《たび》が完成《かんせい》。「金栗足袋《かなくりたび》」と名づけ、大々的《だいだいてき》に売り出した。さらに、金栗足袋《かなくりたび》を先の丸いシューズ型《がた》へと改良《かいりょう》して、カナグリシューズと名づけた。53年のボストンマラソンで、四三《しそう》の弟子《でし》にあたる山田敬蔵《やまだけいぞう》がカナグリシューズをはいて出場、世界最高《せかいさいこう》記録《きろく》で優勝《ゆうしょう》し、世界的《せかいてき》に有名になった。

日比野《ひびの》寛《ゆたか》（1866〜1950年）

愛知《あいち》県稲沢《いなざわ》市出身。教育者、政治《せいじ》家《か》。1899年、愛知《あいち》県立第一中学校の校長になると、日本ではじめてマラソンを本格的《ほんかくてき》に教育界に導入《どうにゅう》した。みずからも生徒《せいと》といっしょに毎日2時間のマラソンを走り、「マラソン校長」とよばれた。1917年に衆議院議員《しゅうぎいんぎいん》に当選《とうせん》。議員《ぎいん》をつとめながら、マラソンの指導《しどう》もつづけた。

秋葉《あきば》祐之《すけゆき》（1895〜1968年）

千葉《ちば》県山武《さんむ》市出身。千葉師範《ちばしはん》学校（現《げん》・千葉《ちば》大学）時代の学内20キロ競《きょう》走《そう》ではじめて長距離《ちょうきょり》を走って優勝《ゆうしょう》。四三《しそう》に見いだされて東京高等師範《しはん》学校に進んだ。1917年の東海道《とうかいどう》五十三次駅伝《つぎえきでん》に出場。19年には四三《しそう》とともに下関《しものせき》－東京間を走った。日本選手権《せんしゅけん》のマラソンでも2連覇《れんぱ》をはたした。旧蓮沼村《きゅうはすぬまむら》の教育長もつとめた。

円谷《つぶらや》幸吉《こうきち》（1940〜1968年）

福島《ふくしま》県須賀川《すかがわ》市出身。須賀川《すかがわ》高校卒業《そつぎょう》後自衛隊《じえいたい》体育学校で長距離選手《ちょうきょりせんしゅ》としての才能《さいのう》を開花させた。1963年、ニュージーランドでおこなわれた合宿の2万メートルで、世界最高記《せかいさいこうき》録《ろく》を破《やぶ》る59分47秒8を記録《きろく》。帰国後、マラソンの練習を始め、翌年《よくねん》、東京オリンピックの代表最終選考会《さいしゅうせんこうかい》のマラソンで2位《い》に入って、みごと代表となった。

東京オリンピックでは1万メートルで6位入賞《いにゅうしょう》、マラソンでは先頭のアベについで国立競技場《きょうぎじょう》に入ったが、ゴール直前でイギリスの選手《せんしゅ》にかわされ、3秒差《さ》で3位《い》となった。次のメキシコシティ・オリンピックでもメダル獲得《かくとく》を期待されたが、足のけがなどで成績《せいせき》がふるわず、オリンピックが開かれる68年の1月、〈父上様、母上様、幸吉《こうきち》はもうすっかりつかれきってしまって走れません。何卒《なにとぞ》お許《ゆる》しください。気が休まる事なく……〉という遺書《いしょ》を残《のこ》し、みずからの命を絶《た》った。

用語解説

◆マラソン

紀元前《きげんぜん》400年の「マラトンの戦《たたか》い」に由来してその名がつけられた。1896年の第1回アテネ大会でおこなわれた長距離走《ちょうきょりそう》が、マラソン競走《きょうそう》の始まりといわれている。1920年のアントワープ大会までは40キロ前後とされ、距離《きょり》は正確《せいかく》には決まっていなかった。しかし、24年のパリ大会からマラソンの距離《きょり》を固定《こてい》しようということになったとき、08年のロンドン大会での42・195キロが採用《さいよう》された。ロンドン大会では当初《とうしょ》、26マイル（約《やく》42キロ）で設定《せってい》していたが、王女の「スタートを城《しろ》の窓《まど》から見たい、ゴールは競技場《きょうぎじょう》のわがロイヤルボックスの前に」との注文で距離《きょり》がのび、結局《けっきょく》42・195キロになったという。

日本初《にほんはつ》のマラソン大会は、1909年3月に兵庫《ひょうご》県で開催《かいさい》された「マラソン大競走《だいきょうそう》」。20名が参加《さんか》したという。

◆駅伝《えきでん》

駅伝《えきでん》は、日本で生まれたスポーツ。世界最初《せかいさいしょ》の駅伝《えきでん》は、およそ100年前の1917年4月、読売《よみうり》新聞社の主催《しゅさい》による、京都《きょうと》から東京・上野《うえの》までを走る「奠都《てんと》記念東海道《きねんとうかいどう》五十三次駅伝《つぎえきでん》徒歩競走《とほきょうそう》」だった。京都《きょうと》から上野《うえの》まではじつに500キロ以上《いじょう》。昼夜を通して走り、3日間かかった。駅伝《えきでん》という名前は、主要《しゅよう》な道に駅をおき、馬や宿を提供《ていきょう》した古代の「駅馬伝馬《えきばてんま》」からきている。神宮皇學館《じんぐうこうがくかん》（現《げん》・皇學館《こうがくかん》大学）の武田千代三郎《たけだちよさぶろう》館長の意見をとり入れて名づけられた。

その後、1920年に四三《しそう》が「世界に通用するランナーを育成《いくせい》したい」との思いから、大学駅伝《えきでん》の草分けとなる東京箱根《はこね》間往復《おうふく》大学駅伝競走《えきでんきょうそう》（箱根駅伝《はこねえきでん》）を始めた。現在《げんざい》は、中学校駅伝《えきでん》、高校駅伝《えきでん》、都道府県対抗駅伝《とどうふけんたいこうえきでん》など、日本では毎年さまざまな駅伝《えきでん》がおこなわれている。

年表 金栗四三が活躍した時代

時代	西暦《せいれき》	年齢《ねんれい》	金栗四三《かなくりしそう》のできごと
明《めい》治《じ》	1891	0	●8月20日、熊本県《くまもとけん》玉名郡《たまなぐん》春富村《はるとみむら》（現《げん》・熊本県《くまもとけん》和水町《なごみまち》）に父信彦《のぶひこ》・母シエの間に生まれる
明治	1897	6	●4月、春富村吉地尋常《はるとみむらよしじじんじょう》小学校入学
明治	1901	10	●4月、玉名北《たまなきた》高等小学校入学、往復《おうふく》12キロ通学開始
明治	1905	14	●3月、父信彦《のぶひこ》が56歳《さい》で病死 ●4月、熊本《くまもと》県立熊本《くまもと》中学玉名《たまな》分校（現《げん》・県立玉名《たまな》高等学校）進学、特待生《とくたいせい》に選《えら》ばれる
明治	1910	19	●嘉納治五郎《かのうじごろう》が校長をつとめていた東京高等師範《しはん》学校（現《げん》・筑波《つくば》大学）進学 ●春の長距離走《ちょうきょりそう》で25番、秋の長距離走《ちょうきょりそう》では3番になる
明治	1911	20	●徒歩《とほ》部に入部、国際《こくさい》オリンピック競技《きょうぎ》大会予選会《よせんかい》で2時間32分45秒の世界記録達成《せかいきろくたっせい》
明治	1912	21	●第5回オリンピック・ストックホルム大会マラソンに日本人初《はつ》の出場、暑さのため26キロ過《す》ぎで意識《いしき》を失《うしな》う

時代	西暦《せいれき》	オリンピックと世の中のできごと
明《めい》治《じ》	1889	●大日本帝国憲法発布《ていこくけんぽうはっぷ》
明治	1894	●IOC《アイオーシー》（国際《こくさい》オリンピック委員会）創立《そうりつ》
明治	1896	●第1回オリンピック・アテネ大会開催《かいさい》
明治	1900	●第2回オリンピック・パリ大会開催《かいさい》
明治	1904	●日露戦争《にちろせんそう》（～05）
明治	1912	●第5回オリンピック・ストックホルム大会開催《かいさい》 ●日本はオリンピック初参加《はつさんか》
大《たい》正《しょう》	1914	●第一次世界大戦《せかいたいせん》（～19）
大正	1916	●第6回オリンピック・ベルリン大会が第一次世界大戦《せかいたいせん》のため中止
大正	1920	●第7回オリンピック・アントワープ大会開《かい》催《さい》。オリンピック旗《き》の掲揚《けいよう》・選手宣誓《せんしゅせんせい》がはじめておこなわれる ●国際連盟発足《こくさいれんめいほっそく》

時代	西暦《せいれき》	年齢《ねんれい》	金栗四三《かなくりしそう》のできごと
大《たい》正《しょう》	1913	22	●東京高等師範《しはん》学校最高《さいこう》学年、徒歩《とほ》部室長となる ●第1回全国陸上競技《りくじょうきょうぎ》大会で2時間31分28秒の世界記録達成《せかいきろくたっせい》
	1914	23	●東京高等師範《しはん》学校地理歴史《れきし》科を卒業《そつぎょう》後、研究科へ進学 ●玉名郡小田村《たまなぐんおだむら》（現《げん》・玉名《たまな》市上小田《かみおだ》）の池部《いけべ》家の養子《ようし》となり、スヤと結婚《けっこん》 ●第2回全国陸上競技《りくじょうきょうぎ》大会で2時間19分20秒3の世界記録達成《せかいきろくたっせい》
	1915	24	●第2回極東選手権競技大会《きょくとうせんしゅけんきょうぎたいかい》（上海《シャンハイ》）に参加《さんか》
	1917	26	●日本初《はつ》の駅伝《えきでん》、奠都記念東海道五十三次駅伝徒歩競走《てんときねんとうかいどうごじゅうさんつぎえきでんとほきょうそう》を企画《きかく》、アンカーをつとめて優勝《ゆうしょう》 ●第2回富士《ふじ》登山マラソン競走《きょうそう》、高地トレーニング開始 ●神奈川《かながわ》師範《しはん》学校赴任《ふにん》
	1918	27	●東京市私立獨逸学協会《しりつどいつがくきょうかい》中学校にうつる
	1919	28	●7月22日〜8月10日、下関《しものせき》－東京間を秋葉祐之《あきばすけゆき》と走破《そうは》 ●金栗足袋《かなくりたび》が商標登録《しょうひょうとうろく》、売り出される
	1920	29	●第1回東京箱根《はこね》間往復駅伝競走《おうふくえきでんきょうそう》を企画《きかく》 ●第7回オリンピック・アントワープ大会マラソン出場、16位《い》で完走《かんそう》 ●オリンピック後ドイツへ、女子体育の振興《しんこう》に目覚《めざ》める

時代	西暦《せいれき》	オリンピックと世の中のできごと
大《たい》正《しょう》	1922	●第1回女子連合競技大会《れんごうきょうぎたいかい》開催《かいさい》
	1923	●関東大震災《かんとうだいしんさい》
	1924	●第1回冬季《とうき》オリンピック・シャモニー・モンブラン大会開催《かいさい》 ●第8回オリンピック・パリ大会開催《かいさい》
昭《しょう》和《わ》	1928	●第2回冬季《とうき》オリンピック・サン・モリッツ大会開催《かいさい》 ●日本冬季《とうき》オリンピック初参加《はつさんか》 ●第9回オリンピック・アムステルダム大会開催《かいさい》、織田幹雄《おだみきお》が三段跳《さんだんと》び・鶴田義行《つるたよしゆき》が200メートル平泳ぎで金、人見絹枝《ひとみきぬえ》が800メートル競走《きょうそう》で銀
	1932	●第10回オリンピック・ロサンゼルス大会開催《かいさい》、日本は金7・銀7・銅《どう》4
	1933	●日本が国際連盟《こくさいれんめい》を脱退《だったい》
	1936	●第11回オリンピック・ベルリン大会開催《かいさい》、日本は金6・銀4・銅《どう》10
	1937	●日中戦争《にっちゅうせんそう》が始まる

昭《しょう》和《わ》

1921	30	●東京府《ふ》女子師範《しはん》学校（現《げん》・東京学芸大学《がくげいだいがく》）にうつる ●東京府《ふ》女子師範《しはん》で日本初《はつ》女子テニス大会開催《かいさい》
1922	31	●8月3日〜8月26日、樺太《からふと》－東京間を秋葉祐之《あきばすけゆき》と走破《そうは》
1924	33	●第8回オリンピック・パリ大会マラソン出場、32・3キロ付近《ふきん》で意識不明《いしきふめい》となる ●大会後陸上競技《りくじょうきょうぎ》の第一線から引退《いんたい》
1927	36	●第8回極東選手権《きょくとうせんしゅけん》大会（上海《シャンハイ》）陸上総監督《りくじょうそうかんとく》をつとめる
1929	38	●父親がわりだった兄、実次《さねつぐ》死去《しきょ》
1931	40	●故郷玉名《こきょうたまな》（現《げん》・玉名市上小田《たまなしかみおだ》）へ帰る ●学校をめぐり、県内外でマラソン普及《ふきゅう》につとめる
1936	45	●1940年オリンピック開催地《かいさいち》が東京に決定、アジア初《はつ》のオリンピック準備《じゅんび》のため、上京
1945	54	●ふたたび玉名《たまな》へ、以後生涯《いごしょうがい》を上小田《かみおだ》でくらす
1946	55	●熊本《くまもと》県体育協会発足《きょうかいほっそく》、初代《しょだい》会長に就任《しゅうにん》
1953	62	●第57回ボストンマラソン日本監督《かんとく》をつとめる。山田敬蔵《やまだけいぞう》が世界記録《せかいきろく》2時間18分51秒で優勝《ゆうしょう》
1967	76	●スウェーデンオリンピック委員会に記念式典《きねんしきてん》に招《まね》かれ、54年8か月6日5時間32分20秒3でゴールをはたす
1983	92	●11月13日、永眠《えいみん》

昭《しょう》和《わ》

1938	●1940年オリンピック・東京大会開催《かいさい》の中止が決定
1939	●第二次世界大戦《せかいたいせん》（〜45）
1940	●第12回オリンピック・ヘルシンキ大会が第二次世界大戦《せかいたいせん》のため中止
1944	●第13回オリンピック・ロンドン大会が第二次世界大戦《せかいたいせん》のため中止
1948	●第14回オリンピック・ロンドン大会開催《かいさい》
1952	●第15回オリンピック・ヘルシンキ大会開催《かいさい》、日本は金1・銀6・銅《どう》2
1956	●第16回オリンピック・メルボルン大会開催《かいさい》、日本は金4・銀10・銅《どう》5
1959	●第18回オリンピック開催地《かいさいち》が東京に決定
1960	●第17回オリンピック・ローマ大会開催《かいさい》、日本は金4・銀7・銅《どう》7
1964	●第18回オリンピック・東京大会開催《かいさい》、日本は金16・銀5・銅《どう》8
2020	●第32回オリンピック・東京大会開催《かいさい》予定

●写真提供・協力

玉名市、玉名市立歴史博物館こころピア、和水町教育委員会、公益財団法人講道館、一般財団法人生涯学習開発財団、山武市、本田雅裕（新聞資料研究会）

＊写真の所蔵者について、一部判明しないものがありました。お心当たりの方は、編集部までご連絡ください。

●おもな参考文献

『走れ二十五万キロ　「マラソンの父」金栗四三伝　復刻版』（長谷川孝道著・2013年、熊本日日新聞社）

『金栗四三　消えたオリンピック走者』（佐山和夫著・2017年、潮出版社）

『近代オリンピックのヒーローとヒロイン』（池井優著・2016年、慶應義塾大学出版会）

『マラソンと日本人』（武田薫著・2014年、朝日新聞出版）

『日本体育協会・日本オリンピック委員会100年史』（日本体育協会・日本オリンピック委員会編・2012年）

『スポーツ八十年史』（日本体育協会編・1958年）

『日本スポーツ文化史』（木村毅著・1978年、ベースボール・マガジン社）

『近代スポーツの歴史』（大谷要三著・1990年、ぎょうせい）

『箱根駅伝７０年史』（関東学生陸上競技連盟編・1989年）

『金栗四三の生涯』（洋泉社MOOK・2018年、洋泉社）

『金栗四三と田畑政治　東京オリンピックを実現した男たち』（青山誠著・2018年、KADOKAWA）

『織田幹雄　わが陸上人生』（織田幹雄著・1997年、日本図書センター）

『陸上競技ヨーロッパ転戦記』（織田幹雄著、織田正雄、織田和雄編・2003年、有斐閣アカデミア）

『もう走れません——円谷幸吉の栄光と死』（長岡民男著・1977年、講談社）

『日本のスポーツとオリンピック・パラリンピックの歴史』（笹川スポーツ財団編・2017年）

『オリンピック・パラリンピックのレガシー』（笹川スポーツ財団編・2018年）

『気概と行動の教育者　嘉納治五郎』（生誕150周年記念出版委員会編・2011年、筑波大学出版会）

『幻の東京オリンピックとその時代』（坂上康博、高岡裕之編著・2009年、青弓社）

朝日新聞、毎日新聞、読売新聞、産経新聞

著者紹介

著者 **佐野慎輔**（さの　しんすけ）

1954年、富山県高岡市生まれ。早稲田大学卒。

産経新聞シドニー支局長、編集局次長兼運動部長、取締役サンケイスポーツ代表等を経て、2014年6月から特別記者兼論説委員（現職）。

かたわら早稲田大学非常勤講師、立教大学非常勤講師、笹川スポーツ財団理事・上席特別研究員、日本オリンピック・アカデミー理事、東京オリンピック・パラリンピック組織委員会メディア委員、野球殿堂競技者表彰委員などを務める。

著書に『オリンピック競技大会略史』（2018年・出版文化社）、共著に『オリンピック・パラリンピックのレガシー』（2018年・笹川スポーツ財団）、『日本のスポーツとオリンピック・パラリンピックの歴史』（2017年・笹川スポーツ財団）など。

絵 **しちみ楼**（しちみ　ろう）

1983年東京生まれ。漫画家。
2017年リイド社が運営するWeb漫画サイト
「リイドカフェ」にてデビュー。
同サイトにてホラー漫画「ピーヨ」を連載中。
著書：『ピーヨと魔法の果実』（リイド社）

オリンピック・パラリンピックにつくした人びと

金栗四三《かなくりしそう》

2018年12月25日　第1刷発行

著　佐野慎輔

絵　しちみ楼

発行者　小峰広一郎

発行所　株式会社小峰書店

〒162-0066　東京都新宿区市谷台町4-15

TEL 03-3357-3521　FAX 03-3357-1027　https://www.komineshoten.co.jp/

ブックデザイン　アンシークデザイン

組版・印刷　株式会社三秀舎

製本　小高製本工業株式会社

ISBN978-4-338-32203-4　NDC780　157P　22 × 16cm

西暦《せいれき》（年）	オリンピックのあゆみ
1945	●第二次世界大戦《せかいたいせん》が終戦《しゅうせん》をむかえる
1948	⑭ロンドン大会 ❺サン・モリッツ冬季《とうき》大会
1952	⑮ヘルシンキ大会 ❻オスロ冬季《とうき》大会
1956	⑯メルボルン大会 ❼コルチナ・ダンペッツオ冬季《とうき》大会
1960	⑰ローマ大会 ❽スコーバレー冬季《とうき》大会
1964	⑱東京大会 ❾インスブルック冬季《とうき》大会
1968	⑲メキシコシティ大会 ❿グルノーブル冬季《とうき》大会
1972	⑳ミュンヘン大会 ⓫札幌《さっぽろ》冬季《とうき》大会
1976	㉑モントリオール大会 ⓬インスブルック冬季《とうき》大会
1980	㉒モスクワ大会 ⓭レークプラシッド冬季《とうき》大会
1984	㉓ロサンゼルス大会 ⓮サラエボ冬季《とうき》大会
1988	㉔ソウル大会 ⓯カルガリー冬季《とうき》大会

西暦《せいれき》（年）	パラリンピックのあゆみ
1945	●第二次世界大戦《せかいたいせん》が終戦《しゅうせん》をむかえる
1948	●第1回ストーク・マンデビル競技《きょうぎ》大会
1952	●第1回国際《こくさい》ストーク・マンデビル大会
1960	①ローマ大会
1964	②東京大会
1968	③テルアビブ大会
1972	④ハイデルベルク大会
1976	⑤トロント大会 ❶エンシェルツビーク冬季《とうき》大会
1980	⑥アーネム大会 ❷ヤイロ冬季《とうき》大会
1984	⑦ニューヨーク／ストーク・マンデビル大会 ❸インスブルック冬季《とうき》大会
1985	●「パラリンピック」が大会の正式《せいしき》名称《めいしょう》となる
1988	⑧ソウル大会 ❹インスブルック冬季《とうき》大会

①…夏季《かき》大会開催《かいさい》回　❶…冬季《とうき》大会開催《かいさい》回

つくした人びと

金栗四三《かなくりしそう》 1983

田畑政治《たばたまさじ》 1984

中村《なかむら》 裕《ゆたか》 1984